PIERRE
Jean
Jacques
et les autres...

Marie-Élaine Proulx

PIERRE
Jean
Jacques
et les autres...

LES ÉDITIONS **LA PRESSE**

Catalogage avant publication de Bibliothèque et Archives nationales du Québec et Bibliothèque et Archives Canada

Proulx, Marie-Élaine
Pierre Jean Jacques et les autres...

ISBN 978-2-89705-529-5

1. Proulx, Marie-Élaine. 2. Agences matrimoniales. 3. Choix du conjoint. 4. Animatrices de radio - Québec (Province) - Biographies. I. Titre.

PN1991.4.P76A3 2017   791.4402'8092   C2016-942463-4

Présidente : Caroline Jamet
Directeur de l'édition : Jean-François Bouchard
Directrice de la commercialisation : Sandrine Donkers
Responsable, gestion de la production : Carla Menza
Communications : Marie-Pierre Hamel et Annie-France Charbonneau

Éditrice déléguée : Sylvie Latour
Conception graphique : Célia Provencher-Galarneau
Révision linguistique : France Lafuste
Correction d'épreuves : Marie Pigeon Labrecque
Photo de l'auteure : Monic Richard

L'éditeur bénéficie du soutien de la Société de développement des entreprises culturelles du Québec (SODEC) pour son programme d'édition et pour ses activités de promotion.

L'éditeur remercie le gouvernement du Québec de l'aide financière accordée à l'édition de cet ouvrage par l'entremise du Programme de crédit d'impôt pour l'édition de livres, administré par la SODEC.

Nous reconnaissons l'aide financière du gouvernement du Canada par l'entremise du Fonds du livre du Canada (FLC).

LES ÉDITIONS **LA PRESSE**
Les Éditions La Presse
750, boul. Saint-Laurent
Montréal (Québec)
H2Y 2Z4

Ce livre raconte un parcours devant mener à l'amour. Le mien.

J'avais quarante-huit ans le jour où je me suis présentée dans une agence de rencontres avec l'intention de trouver le prochain homme de ma vie. Je disposais de deux ans pour le dénicher ; hors de question que j'arrive seule comme un coton au party de mes cinquante ans ! Je ne vous dirai pas le nombre de garçons que j'ai rencontrés au cours des trois années qui ont suivi. Vous le découvrirez dans les prochains chapitres. Je peux cependant vous confier que j'ai vécu des situations que je ne croyais pas possibles, des choses parfois tellement invraisemblables qu'elles pourraient vous paraître inventées. Pourtant, elles me sont arrivées. Je n'ai fait qu'ajouter ma couleur aux histoires.

Dans le langage québécois, un Pierre Jean Jacques, c'est tout le monde et n'importe qui. C'est un homme avec qui on va au restaurant un samedi soir et dont le prénom nous échappe le dimanche. Ou cet autre qui nous déconcerte avec sa collection de clowns en porcelaine dans la salle à manger et ses toutous sur le lit. Cet autre encore à qui on enverra par erreur un texto dans lequel on le qualifiera de «pénible». Ou ce dernier, enfin, qui nous foudroie, avec qui on imaginera le début d'une histoire, mais qui ne rappellera jamais. J'en ai rencontré plusieurs, des comme ça. Des Pierre Jean Jacques. Des hommes qui passent. Mais moi, j'en voulais un qui reste.

Et au milieu de tous ces rendez-vous sans lendemain, il y avait moi. Moi qui trouvais un peu de consolation chez mes amies et dans des pots de caramel. J'en ai mangé pas mal, du caramel, durant cette période. Dans mon frigo, on a plus de chances de trouver un pot de *Dulce de leche* Bonne Maman que des œufs. Et à quarante-cinq calories la cuillerée à soupe, j'ai calculé que, pour brûler tout le sucre brun que j'ai ingéré depuis deux mille treize, il faudrait que je participe au marathon de Boston et que je m'y rende à pied avec un poids de dix kilos sur le dos.

Ce livre n'est pas un guide et ne donne aucun conseil sur ce qu'il faut faire pour trouver l'amour. J'aimerais simplement qu'il devienne un genre de soutien moral quand vous en aurez marre de manger du St-Hubert en solo devant la télé le samedi soir. Je serais ravie qu'il vous réconforte. Comme le ferait une amie… ou un pot de caramel!

Luc

Je dis oui très souvent. Trop peut-être.

Ce n'est pas tant ma propension à toujours dire oui qui me dérange que ma difficulté à dire non. Je dis oui pour ne pas déplaire, pour qu'on m'aime, pour acheter la paix. Ma fille est celle qui a le plus profité de ma disposition à répondre souvent par l'affirmative : oui une nouvelle planche à neige, oui un chat, oui un party à la maison, oui un *lift*, oui un autre chat parce que celui-là, il est troooop mignon…

J'ai aussi dit oui le jour de mes noces, alors que le non l'emportait haut la main. C'était en mille neuf cent quatre-vingt-dix-sept, en Beauce, et j'avais trente-deux ans. Je m'explique encore mal aujourd'hui pourquoi nous avons fait ça. L'envie de faire un party au chalet ? Le besoin de sceller le fait que nous avions eu ensemble, quatre ans auparavant, une merveilleuse enfant ? Je ne sais trop.

Il (le père de «merveilleuse enfant») vous dirait la même chose : nous n'avons jamais été très amoureux.

Je garde un souvenir brumeux de cette journée, mais je me rappelle certains événements qui étaient peut-être annonciateurs de l'inévitable échec. À commencer par un rendez-vous désastreux chez la coiffeuse du village à qui j'avais demandé un chignon et qui a plutôt érigé sur ma tête un nid d'écureuil dans lequel elle a inséré des fleurs séchées. Une horreur ! Et impossible d'aller dans un autre salon, je me mariais dans deux heures ! C'est le temps qu'il me restait pour aller me maquiller et me changer au chic motel de Beauceville, où j'avais dormi la veille dans une chambre beige et turquoise.

À la sortie de l'église, une pluie torrentielle s'est abattue sur ma robe et mon nid d'écureuil. (Ce moment est d'ailleurs immortalisé sur la vidéo de la noce, où on m'entend blasphémer sur le perron de la maison de Jésus.)

Et le soir, pendant la réception, ma cousine s'est battue avec son mari. Une journée idyllique !

Jamais l'adage «mariage pluvieux, mariage heureux» ne s'est révélé plus faux ; le mien a duré onze mois ! Je n'ai même pas eu le temps de fêter mes noces de coton. Je me souviens que mon ex-belle-mère avait téléphoné le jour de notre premier anniversaire pour nous féliciter. Elle avait laissé un message pour le moins confus dans la boîte vocale :

«Euh… bonjour, c'est moi, Claire. Mmm… je voulais te… euh… vous souhaiter un bon anniversaire de… mais bon !... Quelqu'un peut me rappeler s'il vous plaît ?... »

La pauvre. Son fils ne l'avait pas informée de notre séparation. Luc avait quitté la maison quelques semaines auparavant et moi, après son départ, j'avais changé le message du répondeur :

«Bonjour, vous êtes bien chez Marie-Élaine. L'autre personne, dont le nom était auparavant nommé sur ce message, n'habite plus ici. Après le bip sonore, si vous le souhaitez, vous aurez trente secondes pour me déclarer votre amour ! »

J'admets que ce n'était pas ma meilleure ! J'use souvent d'ironie pour dédramatiser certaines situations et je suis consciente que mon humour n'est pas apprécié ou compris de tous. Claire n'a jamais rappelé. Dommage, parce que je l'aimais bien, ma belle-mère, elle allait me manquer. Plus que son fils, pour dire vrai. Si ce n'est de la peine qu'elle a causée à ma fille de quatre ans, cette séparation m'a plutôt indifférée et j'ai mis peu de temps à m'en remettre.

Christian

Un an plus tard, ma fille et moi emménagions chez Christian et ses deux enfants de sept et neuf ans.

C'est un ami commun qui a provoqué notre rencontre. Il était convaincu que nous étions faits l'un pour l'autre et il avait vu juste à plusieurs égards. Christian était ce qu'on appelle un épicurien. Il était drôle, sociable. Il aimait recevoir, manger, cuisiner. Il aimait BEAUCOUP cuisiner. Et il ne lésinait pas sur la dépense quand il était question de bouffe! Tellement que les commerçants du marché Jean-Talon se frottaient les mains lorsqu'ils le voyaient arriver: *Hé les gars! Sortez vos affaires chères. Christian s'en vient!* Il nous revenait avec des pots de piments farcis au thon arrivés tout juste d'Italie par bateau ou avec une bouteille d'huile d'olive d'Andalousie qualifiée de «meilleure huile au monde»...

J'appréhendais chaque année la période des récoltes durant laquelle notre maison se transformait en usine de betteraves, de tomates, de cornichons, de ketchup rouge, de confitures aux fraises, de poivrons grillés… Une année, les enfants et moi avions fait le décompte : il avait rempli cent vingt-cinq pots Mason. En ajoutant ceux de l'année précédente, qu'on n'avait pas eu le temps de manger, on aurait pu nourrir quatre familles de réfugiés pendant un mois. La démesure caractérisait Christian, tout comme le fait d'être un bon père et un homme de famille.

J'étais convaincue à l'époque que j'allais vieillir avec lui. Mais je l'ai quitté. C'est un bouleversement dans ma carrière, survenu en deux mille huit, qui est à l'origine de notre séparation. En mars de cette année-là, j'ai accepté l'offre d'emploi d'une station de radio concurrente de celle où je travaillais depuis quelques années. Je passais donc chez « l'ennemi » et me doutais bien que mon départ ne se ferait pas de façon harmonieuse. La vérité est qu'il a été désastreux pour moi, entre autres parce que j'avais sous-estimé ma capacité à gérer la crise.

Au cours des semaines qui ont suivi, j'étais anéantie ; je dormais mal et rien ne me faisait envie. Je ne sais pas exactement comment se sentent les gens chez qui s'installent la dépression, mais j'ai eu l'impression qu'elle s'approchait de moi. Alors, je suis allée consulter une psychologue pour tenter de comprendre comment un changement dans mon travail avait pu me mettre dans un tel état. Je souhaitais aussi me donner toutes les chances de retrouver mon aplomb avant de commencer à animer cette nouvelle émission, cinq mois plus tard.

J'ai vite réalisé que la raison pour laquelle je me trouvais en perte d'équilibre, c'est que je ne savais plus à quoi m'agripper. Je n'étais plus heureuse en couple depuis un bon moment déjà, et comme il y avait de moins en moins d'harmonie à la maison, je m'étais accrochée au plaisir que me procurait mon travail. En quittant mon emploi, j'avais non seulement déçu des gens que j'appréciais, mais j'avais aussi laissé un lieu où je me sentais bien.

J'avais maintenant besoin de me construire une nouvelle zone de stabilité, ce que j'avais fait en mettant fin à cette relation. Je peux mijoter ma décision pendant des mois, voire des années avant de bouger, mais quand elle est prise, c'est un point de non-retour, et les choses déboulent. J'ai annoncé à Christian que je le quittais en avril, racheté sa part du condo en mai et, en août, il déménageait.

Je venais de mettre un terme à dix ans de vie commune. Mon record de durée en couple.

J'ai trouvé pénible d'être l'instigatrice de cette rupture, entre autres parce qu'elle impliquait des enfants ; la mienne et les siens, qui avaient tous déjà vécu une séparation. Comme bien des femmes de ma génération, je souffre d'un syndrome chronique de culpabilité, ce qui fait que j'ai dû prendre sur moi pour ne pas flancher, en me rappelant que pour une rare fois je me choisissais, moi. J'ai géré tout ça assez froidement, ce qui m'était nécessaire pour que je trouve le courage de me rendre jusqu'au bout. Tellement froidement en fait que des proches m'ont prévenue qu'une fois tout cela terminé je craquerais. J'appréhendais donc le moment où j'allais me retrouver « sans couple », secouée de sanglots, telle Donalda dans sa cuisine. Et puis le jour où il est parti : rien. Et les suivants… rien non plus.

J'en ai déduit que je m'étais rendue plus loin que le bout de cette histoire d'amour.

Je me suis retrouvée tout à coup avec beaucoup d'espace, tant dans ma vie que dans mon appartement, et j'en profitais.

J'avais maintenant un accès illimité à la salle de bains et la possibilité de dormir en étoile dans un lit tout neuf! Je dois préciser ici que mon ex confondait salle de bains et salle de séjour. Il pouvait y passer jusqu'à deux heures quotidiennement (assis on devine où) à lire son journal, à faire des mots croisés et à parler au téléphone. Une fois sa grille de sudoku terminée, il prenait conscience de l'endroit où il se trouvait et en profitait pour prendre une douche. Ça me rendait folle!

J'ai un peu hiberné les mois qui ont suivi. J'ai lu, regardé la télé, dormi et pris d'interminables bains, sans que quiconque réclame l'espace. Aucune activité qui demandait de la réflexion. Les fins de semaine, il était fréquent que je ne donne signe de vie à personne, sauf à ma fille qui, à seize ans, était à l'âge où on passe à la maison en coup de vent, sans même se soucier de l'état de sa mère.

Je n'étais pas vraiment malheureuse, en fait. Je vivais en mode ver de terre. Le genre de ver de terre tellement bien chez lui qu'il préfère rester sous terre plutôt que de mettre le nez dehors, même les jours de pluie.

Je poussais mon insignifiance cérébrale jusqu'à me construire une ferme virtuelle sur Facebook! J'étais la prospère propriétaire d'un domaine de plusieurs hectares, j'avais deux tracteurs, un troupeau de moutons, je cultivais des citrouilles et des patates. Cerveau mou !

Deux années ont passé au cours desquelles je n'ai eu aucune envie d'être en couple, ni même de partager quoi que ce soit avec un homme : mon dîner, mon lit et encore moins mon compte en banque (et Dieu sait si mon historique de partage de compte en banque avec mes ex est chargé). Aucun désir, même charnel, d'être deux.

Jusqu'à ce jour de juin deux mille dix où un bon docteur a croisé ma route.

Louis

Lorsque j'ai accouché de ma fille, je me rappelle les mots d'une infirmière qui, pour me réconforter, me répétait à chaque pénible contraction que j'aurais tôt fait d'oublier la douleur et serais incapable de la décrire. Elle avait raison. Les humains sont ainsi faits que certaines de leurs blessures cicatrisent vite pour mieux leur donner envie de recommencer. C'est pour cela qu'on arrive à faire d'autres bébés après. Je sais que l'amour peut engendrer la douleur, mais que, parfois aussi, il nous la fait oublier. Je le sais parce que j'ai accouché et parce que j'ai aimé Louis. Une histoire d'amour dans laquelle je me suis fait mal plus d'une fois en oubliant la contraction précédente.

J'étais allée le consulter sur recommandation d'une amie pour un problème de santé mineur. J'ai tout aimé de lui dès son entrée dans la salle d'examen : son aplomb, sa tête, son odeur, ses chaussures et sa main sans bague.

Comme je ne suis pas de nature démonstrative, il n'a rien vu de l'intérêt que je lui portais pendant les dix petites minutes qu'a duré la visite. Mais sitôt sortie de la clinique, j'appelais mes amies pour leur raconter ce qui venait de se passer. Pour la première fois depuis très longtemps, un homme avait réussi à me troubler. C'était une très bonne nouvelle. Et la meilleure nouvelle, c'est que je devais le revoir dans quelques semaines pour une petite chirurgie. Jamais je n'avais eu autant hâte d'être opérée.

Il fallait que j'en apprenne plus sur lui d'ici mon prochain rendez-vous. Ma brève carrière en journalisme m'a servie : j'ai découvert qu'il avait cinquante ans (moi quarante-cinq), qu'il était divorcé depuis quelques années et père de deux enfants. Mais j'ignorais toujours s'il avait refait sa vie, une information primordiale que j'ai tenté d'obtenir en prenant les grands moyens !

L'anecdote qui suit fait partie de mon palmarès des meilleurs moments entre amies. Elle nécessite un préambule, sans quoi je pourrais passer pour quelqu'un de déséquilibré.

Lors de l'un de nos cinq à sept du jeudi, Isabelle et moi en sommes venues à la conclusion que la meilleure façon d'en savoir plus sur lui était de le suivre. On saurait au moins où il habitait; une petite séance d'espionnage peut révéler bien des choses sur une personne. Ainsi, si l'homme que vous suivez en voiture s'arrête devant un bungalow de Saint-Lambert, si vous apercevez devant la porte d'entrée une petite trottinette rose et un hibiscus dans un pot en grès, les chances sont grandes que… vous n'en ayez aucune (chance). Il y a fort à parier qu'une femme habite là (hibiscus), que le gars a une fille d'âge préscolaire (trottinette rose) et que sa conjointe est beaucoup plus jeune que vous (enfant d'âge préscolaire).

Le jeudi suivant, nous étions postées devant le bureau de Louis, attendant qu'il termine sa journée de travail. Mata Hari aurait été fière de nous, cachées derrière nos verres fumés, nos tuques et nos manteaux noirs. Deux folles!

Et à dix-sept heures quarante, alors que nous, discrètes agentes secrètes, nous apprêtions à quitter la scène, convaincues que le suspect avait réussi à nous échapper, il est sorti, à pied. J'étais à la fois survoltée et terrorisée, je regrettais cette idée et j'aurais fait demi-tour sur-le-champ. Pas Isabelle:

«Hey, on n'a pas fait tout ça pour rien. *Come on girl!*»

Je ne pouvais décevoir mon amie. Nous avons donc poursuivi notre chasse à l'homme! Je dois insister ici sur le fait que nous étions en voiture et lui, à pied. Résultat? Nous avons dû rouler dans la rue Sherbrooke avec les clignotants d'urgence allumés sur environ deux kilomètres, jusqu'à ce qu'il emprunte l'allée d'un immeuble à appartements. (Je pouvais présager qu'il vivait seul). Pendant les quinze minutes qu'a duré la patrouille, j'avais eu le temps d'apprécier son allure et son style vestimentaire (je l'apercevais pour la première fois portant autre chose qu'une blouse blanche), et ce que je voyais me confirmait que le sujet était digne d'intérêt.

Alors que je croyais l'enquête terminée (le suspect n'étant plus visible), mon amie m'a surprise en stoppant la voiture un peu plus loin :

«On va aller jeter un petit coup d'œil, juste pour voir le hall d'entrée », m'a-t-elle dit, insistant sur le fait qu'il n'y avait aucun risque que nous croisions l'objet de notre enquête, puisqu'il revenait tout juste du boulot et qu'il ne ressortirait pas de chez lui de sitôt…

Les amies sont parfois de bien mauvaises conseillères.

Nous sommes allées «jeter un petit coup d'œil dans le hall d'entrée », comme elle disait. Sauf que, dans le hall, il y avait un portier et, au moment même où celui-ci s'avançait vers nous pour nous demander s'il pouvait nous aider, j'ai entendu les portes de l'ascenseur s'ouvrir; et qui en est sorti? Louis. Il avait un chien. Merde!

Allo, les nounounes! Vous n'aviez pas pensé à ça, hein? Vous allez faire quoi maintenant? Comment allez-vous expliquer au charmant docteur qui est à vingt mètres de vous ce que sa patiente fait dans l'entrée de son immeuble?

J'ai alors donné un violent coup de hanche à Isabelle en espérant qu'elle comprendrait qu'il s'agissait d'un signal de fuite. Heureusement, elle a saisi. Sous l'air ébahi du gardien, nous avons fait demi-tour et sommes parties en courant. Très vite!

Une fois certaines d'être bien à l'abri, cachées derrière des buissons, nous avons pleuré de rire. J'étais terrorisée à l'idée qu'il m'ait reconnue, et je n'ai franchement rien appris qui vaille sur lui ce jour-là, mis à part qu'il avait un chien et un veston de lin. Mais je n'oublierai jamais ce moment de solidarité avec mon amie. Une complicité d'ado-lescentes que seules les filles peuvent comprendre. (J'apprendrais quelques semaines plus tard qu'il ne nous avait pas vues.)

Le jour de la chirurgie venu, me disant que je n'avais rien à perdre et encouragée par mon entourage qui se réjouissait de me voir m'éveiller à nouveau à la gent masculine, je me suis préparée à aller chez le médecin comme on se prépare à aller à un cinq à sept.

J'ai opté pour le look classique moderne : jeans, chemisier noir un peu ajusté mais pas trop, celui dont on sait pertinemment que le boutonnage à la hauteur des seins s'ouvre un peu quand on lève les bras et, finalement, des bottes de cuir noires qui s'avéreraient utiles dans mon jeu de séduction.

Je parle bien ici d'un jeu parce que ce n'est pas dans ma nature d'essayer de charmer les hommes. Je suis pourrie. D'autres filles peuvent, par leur gestuelle, leur sourire et leur regard soutenu, envoûter un garçon. Pas moi. Moi, je fige comme Julie Snyder devant une entrecôte de bœuf.

Je me suis donc rendue à la clinique médicale. En le revoyant dans la salle d'examen, j'ai réalisé qu'il me faisait encore plus d'effet que dans mon souvenir. Comme un courant qui traverse le corps. L'expression commune pour cela est : avoir des papillons dans le ventre. La formule est certes jolie, mais inappropriée. Y a-t-il vraiment quelqu'un qui, un jour, a ingurgité suffisamment de papillons vivants pour savoir quel effet ça fait quand ils sont tous regroupés dans l'estomac? Je parlerais plutôt de «courant».

Une fois la petite chirurgie terminée et après avoir reçu les instructions postopératoires d'usage, je m'apprêtais à quitter la salle, convaincue d'avoir échoué dans ma tentative de le séduire et résolue à ne plus le revoir. Quand, tout à coup, je l'ai entendu me dire :

«Vos bottes… Elles sont belles.»

Jamais je n'avais reçu plus doux compliment! Il avait entrouvert une porte avant que je referme celle de son bureau. Je lui ai souri et précipitamment dit merci; je devais vite sortir de là avant qu'il ne remarque ma perte de contenance.

Je flottais.

La balle était dans mon camp maintenant. Il me fallait trouver une façon de lui faire savoir qu'il me plaisait sans le mettre mal à l'aise, sachant qu'il y a un code d'éthique à respecter entre médecin et patient. Mais à partir du moment où je n'étais plus concernée par ses soins, ça nous laissait le champ libre! Alors j'ai foncé et je lui ai fait parvenir le jour même, à son adresse courriel de bureau, quelques lignes dans lesquelles je le remerciais pour les soins prodigués, avec le souci de terminer sur un très senti « au plaisir de vous revoir ». Une note polie et un tout petit peu invitante. Il m'a répondu peu de temps après et, par le ton de son mot, j'ai compris que je lui plaisais aussi.

Il m'a appelée en début de soirée et nous avons discuté pendant près d'une heure. À la fin de l'échange, nous avons convenu d'un rendez-vous pour le lunch dans un restaurant chic du centre-ville le vendredi suivant.

Je ne tenais pas en place, ce matin-là. Fébrile et complètement improductive, j'ai appelé ma grande amie Johane :

« Viens m'aider ! Je ne sais pas quoi mettre, je tourne en rond dans la maison ! J'ai besoin que tu me calmes.

— Je ne peux pas, Marie, je suis au travail. Ça va aller, dis-toi que s'il t'a donné rendez-vous c'est que tu lui plais déjà. Sois toi, simplement...

— Ouais. Tu as raison. Merci, Jo ! Je t'appelle plus tard pour te raconter...

— J'y compte bien ! À plus... »

J'étais un peu apaisée en raccrochant, mais pas plus avancée; toujours en robe de chambre et pas encore maquillée.

Dix minutes plus tard, on sonnait à ma porte. Ma loyale amie était devant moi:

«Je ne pouvais pas te laisser toute seule. J'ai dit à mes collègues que j'avais une petite urgence familiale...

— T'es la meilleure! Merci d'être là», lui ai-je dit en la serrant dans mes bras.

Il nous restait environ une heure.

«On ne doit pas en faire trop, a insisté Johane. On mise sur le naturel, mais il faut quand même prendre soin de trouver ce "petit quelque chose" qui le fera craquer.

— Est-ce que tu crois que je devrais remettre mes bottes noires?

— Non, trop facile. On ne fera pas cette erreur élémentaire. Il ne faut pas qu'il pense que tu fais tout pour lui plaire. Si tu mets tes bottes, il va croire que c'est dans la poche!»

Elle a sorti de ma garde-robe et étendu sur mon lit: trois robes, deux jupes, quatre chemisiers, autant de vestons et de paires de chaussures...

J'essayais les vêtements et je paradais devant ma styliste de *chum*.

« Pas la robe bleue, m'a-t-elle dit. Trop *straight*. Il faut trouver quelque chose de plus doux.

— La jupe noire avec un chemisier, peut-être ?

— Non ! Trop formel. »

Une demi-heure plus tard...

« Essaie le jeans fuseau noir avec le veston gris pâle. »

Elle avait vu juste. Accompagné d'un t-shirt blanc col rond, le dernier ensemble était parfait. Et le chandail, translucide et ajusté, permettait l'ajout de ce « petit quelque chose » qui, nous le souhaitions, allait le « casser » : un joli soutien-gorge gris *charcoal* dont la dentelle se dessinait à travers le coton transparent.

« Tu es parfaite ! Dépêche-toi, c'est dans vingt minutes ! »

J'ai remercié mon amie en lui promettant de l'appeler dès que je le pourrais pour lui rendre compte de chaque détail et j'ai couru jusqu'à ma voiture. *Ne pas arriver en retard au premier rendez-vous, ça fait trop « j'ai voulu me faire désirer ».*

Je suis tout de même arrivée avec un retard d'une dizaine de minutes (trouver un stationnement un vendredi midi au coin de Peel et Sainte-Catherine est une épreuve digne de Fort Boyard.) Le restaurant était bondé, mais en entrant je n'ai vu que lui. Louis était assis à une petite table pour deux au centre. Le cœur battant jusque dans mon dos, je me suis dirigée vers lui. Il s'est levé, m'a dit bonjour en m'embrassant sur chaque joue et m'a glissé en souriant :

« *Fashionably late*, mademoiselle.

— Je sais. Désolée. Problème de parking. »

J'avais eu quelques secondes pour voir l'ensemble : il avait un look d'enfer ! Costume beige clair, chemise blanche, cravate marine et souliers marron. Je ne suis pas experte en mode, mais je sais reconnaître la qualité. En vendant les vêtements qu'il portait sur Kijiji, j'aurais pu payer mon hypothèque pour les six mois à venir !

Louis n'était pas très grand ni très costaud, mais il avait l'assurance d'un géant. L'essentiel de son magnétisme était là : dans son aplomb et sa confiance en lui.

Il nous a fallu à peine quelques minutes pour faire tomber la barrière de la gêne. Les confidences s'enchaînaient. J'ai même vu ce midi-là des larmes dans ses yeux quand il a mentionné l'affection et l'admiration qu'il avait pour son père. (Il s'agit d'ailleurs de la seule fois où j'ai vu son regard mouillé par autre chose qu'une poussière.)

En quittant l'établissement deux heures plus tard, il m'a tenu la main et on a marché ensemble jusqu'au stationnement où était garée ma voiture, et c'est le moment qu'il a choisi pour m'embrasser. Nous nous sommes revus le soir même, nous avons fait l'amour et j'ai dormi chez lui. Tout ça en moins de dix-huit heures! S'il existe un ouvrage expliquant le code de conduite à respecter en début de relation, nous avons tous les deux vraisemblablement omis de le consulter.

À l'image de notre première journée ensemble, tout s'est précipité par la suite. Ce que je devais connaître de lui, je l'ai su lors de nos cinq premiers jours de fréquentation. Il m'a raconté son enfance, ses études, son mariage, ses enfants, ses passions, ses insécurités, son travail… Le sixième jour, il m'aimait. Le septième, on partait en escapade à New York, et le dixième, je rencontrais ses enfants.

Louis m'a fait entrer dans sa vie à une vitesse stupéfiante. Je me rappelle lui avoir dit dès les premiers jours que je craignais qu'on se perde quelque part pendant la randonnée tellement son ascension était rapide. Je l'imaginais déjà revenu au point de départ au moment où j'atteindrais le sommet, et c'est précisément ce qui est arrivé ; il a tranquillement cessé de m'aimer pendant que je montais encore la côte, et j'ai perdu pied. Parce qu'à l'inverse de lui, pressé de tout, c'est lentement que je suis tombée amoureuse. Jusqu'à le devenir follement.

Il me semble que le plus beau de cette histoire d'amour vient d'être écrit. Que le meilleur réside dans notre rencontre et dans les semaines qui ont suivi. Il était déjà trop tard quand j'ai réalisé que je me ferais du mal en m'amourachant de cet homme.

Louis était infiniment indépendant, tant socialement, financièrement qu'intellectuellement. Cet homme s'était construit seul et organisé pour ne dépendre de personne. Il y a des gens qui craignent la solitude, lui l'appréciait, et il m'a souvent donné l'impression d'être mieux sans moi qu'avec moi. Pour être son amoureuse, il fallait que j'accepte de le suivre. Il ne faisait pas beaucoup de compromis (comprendre aucun). Il était bien chez lui, dans ses affaires, si bien qu'en deux ans de fréquentation mon sauvage n'est venu dormir chez moi qu'à deux reprises et est reparti chaque fois avant que je sois réveillée. Il laissait sur le comptoir de la cuisine une petite note du genre :

Bonjour. Tu dormais si bien. *Je n'ai pas voulu te* déranger. *T'appelle tout à l'heure.* xxx

Vivement me faire réveiller à cinq heures du matin plutôt que d'avoir à découvrir, en étirant le bras à la recherche d'un contact avec sa peau, qu'il était parti.

L'amoureuse maternelle que je suis aurait aimé qu'il ait besoin d'elle parfois, mais je ne me rappelle pas que ce soit arrivé. J'aimais lui faire plaisir, mais ce n'était pas chose facile. Louis avait la capacité financière de pouvoir s'offrir ce qu'il voulait, quand il le voulait. Je devais donc faire preuve d'imagination. Je me souviens entre autres la fois où il m'avait mentionné être à la recherche d'une chanson de Françoise Hardy qu'il aimait beaucoup et qui était introuvable. J'ai mis des heures à appeler je ne sais combien de disquaires pour enfin tomber sur l'un d'eux qui avait retrouvé la pièce en question sur une vieille compilation. Le garçon me précisa n'en avoir qu'un seul exemplaire en magasin. Je suis allée chercher le disque le jour même. Le commerce était à plus de vingt kilomètres de chez moi ! Encore aujourd'hui, six ans plus tard, lorsque j'entends Françoise chanter *L'amitié*, mon cœur se serre.

Louis avait toujours été clair dans ses intentions : il ne souhaitait pas refaire sa vie. Ce qu'il avait le comblait déjà : ses enfants, son travail, ses demeures (il en avait trois !), ses activités, ses voyages de golf… Je prenais l'espace qui restait. J'attendais qu'il me fasse une place. Mais elle n'est jamais venue.

Pourquoi suis-je restée ? Je me contenterai de dire que j'étais éperdument amoureuse, que j'avais mis des filtres sur mon histoire d'amour pour ne pas voir qu'elle était vouée à l'échec. Je ne pouvais me résoudre à l'idée de le quitter, j'ai donc attendu qu'il le fasse à ma place.

Au final, j'aurai eu, dans sa vie, la même durée qu'une voiture avant qu'il ne s'en lasse : deux ans.

La suite s'est transformée en peine d'amour, ma première. À quarante-sept ans.

Ce que j'avais cru être un chagrin d'amour dans le passé ressemblait plus à un séjour au spa à côté de cette peine-là. Il y a des moments, dans l'année qui a suivi, où mon manque d'intérêt pour tout m'a préoccupée. Sortir de chez moi me demandait parfois un effort surhumain. Mis à part mes collègues de travail que je voyais chaque matin par obligation (parce qu'il fallait bien payer les comptes…), je ne côtoyais que les gens encore capables de m'entendre prononcer son nom : Louis.

Quand je repense aujourd'hui à cette période de ma vie, l'image qui me vient en tête est celle de ma chambre, de mon lit plus précisément. C'est là que j'ai passé le plus clair de mon temps les mois d'après. C'est à cet endroit que j'ai écouté *Je reviens te chercher*, de Bécaud, en m'imaginant qu'il sonnait à ma porte, c'est là aussi que j'ai écrit des lettres qu'il ne lira jamais, que j'ai pleuré en le présumant dans les bras d'une autre. C'est dans ma chambre que j'ai mesuré combien je l'avais aimé.

Il y a bien un autre lieu où je me suis réfugiée pendant ma peine d'amour : rue Saint-Hubert, coin Cherrier, chez Johane et Claude. Elle, c'est ma meilleure amie, lui, le meilleur mari. J'arrivais parfois sans m'annoncer. Je sonnais, Claude m'ouvrait. Tout de suite, il pouvait lire mon état, il savait qu'il n'avait qu'à me demander si j'allais bien pour que j'éclate en sanglots. Alors il me dirigeait promptement vers l'endroit où je pourrais pleurer sans gêne, dans les bras de mon amie.

« Johane est en haut, dans la chambre », disait-il.

Cher Claude. Je sais qu'il était triste pour moi, que s'il avait pu porter un peu de mon chagrin, il l'aurait fait. C'est dans sa nature ; il tolère mal la douleur, surtout celle qui afflige les gens qu'il aime. Moi, j'aime Claude. Et son épouse.

Je ne vous dis pas le nombre de fois où je me suis invitée chez eux durant ma peine. À leur maison, leur chalet, au déjeuner, au souper ou pour dormir. À Noël, à Pâques, à ma fête…

Jamais je n'ai eu l'impression de les déranger, mais le jour où ils ont ajouté à leur liste d'épicerie du fromage cottage et un pot de caramel, j'ai pensé que je prenais peut-être un peu trop de place !

Pendant un chagrin d'amour, il y a des étapes à traverser qui mènent supposément au rétablissement : le choc, la souffrance, la colère, l'acceptation et, enfin, la guérison. Je suis restée collée au stade deux pendant longtemps et j'ai commencé à me sentir mieux à l'arrivée de l'été. Je trouvais, malgré ma joie de vivre réapparue, mon sevrage franchement un peu long. Louis n'était plus dans ma vie depuis un an et aucune journée ne s'était passée sans que je me demande où il était, ce qu'il faisait et surtout avec qui il le faisait. Pour être certaine de ne pas succomber à l'envie d'entrer en contact avec lui, il m'arrivait de mélanger dans ma tête les chiffres de son numéro de téléphone afin de l'oublier. J'ai effacé ses courriels et tous ses messages textes. Me faire croire qu'il n'avait jamais existé. Me blinder.

J'espérais le jour où le prénom Louis n'évoquerait plus pour moi que les De Funès et Morissette.

Puis, je me suis levée un matin avec l'idée qu'il était temps de passer à l'action ; je devais occuper mes pensées avec un autre homme. Le remplacer, voilà ce que j'allais faire !

Pas une bonne idée, j'entends chuchoter. *Elle doit d'abord arrêter de l'aimer*.

Je dirais qu'il y a deux façons de voir la chose.

La première, recommandée par la majorité, est de laisser le temps faire son œuvre afin que celui qu'on a aimé sorte complètement de nos pensées. Une fois ce cheminement terminé, on peut, semble-t-il, faire de la place à un nouvel amour.

La seconde, recommandée par moi, consiste à remplacer cette personne par une autre, mon raisonnement reposant sur l'idée que je cesserai d'être amoureuse de cet homme et de penser à lui quand un autre aura pris sa place. Lorsque ça arrivera, me disais-je, je vivrai avec l'amour d'un autre au présent et celui de Louis au passé.

Nous étions à l'automne deux mille treize. C'est ici qu'allait commencer mon invraisemblable processus de rencontres.

Denis

En passant de Christian fusionnel à Louis solitaire, je m'étais inconsciemment rendue aux deux extrêmes. Je me suis dit que ce serait vraiment super que mon futur se trouve quelque part au milieu.

Pour le rencontrer, je suis allée vers ce qui me paraissait le plus simple : une agence de rencontres pour professionnels.

Les filles comme moi, qui aiment la discrétion et n'ont pas envie d'aller souper avec un gars déniché sur un site Web, à qui il ne reste que cinq dents (c'est pour cela qu'il ne souriait pas sur la photo…) et dont on apprendra qu'il est sans emploi depuis un an parce qu'il attend une reconstruction de la hanche, trouvent le principe commode ; tu donnes de l'argent à une personne qui, en échange, te trouve un homme convenable.

Au téléphone, une jeune fille de l'agence sur laquelle j'avais arrêté mon choix m'a posé quelques questions. Elle voulait entre autres savoir si j'avais des enfants, connaître mon âge, ma taille, mon poids, mon occupation et… mon revenu annuel! J'ai vite saisi que ce court interrogatoire était en fait un genre d'écrémage permettant de vérifier si je répondais aux critères de l'entreprise. Mes réponses ont dû lui plaire puisqu'elle m'a fixé un rendez-vous.

Je me suis présentée à leurs bureaux la semaine suivante. On m'a fait entrer dans un local, remis un document à lire ainsi qu'un questionnaire à remplir, sorte de test psychométrique.

Quelques minutes plus tard, une femme (l'une des patronnes) est entrée et s'est assise devant moi. Je me rappelle m'être dit en la voyant qu'elle était à l'image du lieu: les travaux de rénovation pour masquer l'âge de l'édifice étaient évidents.

Elle m'a expliqué qu'après analyse de mon dossier ma candidature avait été retenue et m'a fait comprendre que je devais me considérer comme privilégiée parce qu'il y avait peu d'élues. Elle a renchéri en me disant que, dans mon groupe d'âge, neuf femmes sur dix voyaient leur demande rejetée.

Le problème, m'a-t-elle dit, c'est qu'il y avait beaucoup trop de femmes désireuses de s'inscrire pour le nombre d'hommes disponibles. Avec, pour résultat, selon ce que j'en ai déduit, que pratiquement tous les professionnels mâles qui se présentaient à l'agence étaient acceptés, alors que les femmes, aussi professionnelles fussent-elles, étaient triées sur le volet en fonction des désirs des clients masculins. Les gars avaient le beau jeu!

La vérité, c'est que j'étais plus scandalisée par ce que je venais d'entendre qu'honorée d'avoir été sélectionnée. Par respect pour toutes les femmes que j'aime et même celles que je ne connais pas, j'aurais dû quitter les lieux sur-le-champ. Tout dans cette démarche sentait la superficialité. Mais pour des raisons que je m'explique encore mal aujourd'hui et que je pourrais sans doute relier à un besoin irrépressible de me changer les idées et de plaire à nouveau, je me suis inscrite.

Le contrat stipulait que, en échange de mille six cents dollars (c'est dispendieux, un mari professionnel…), ils me présenteraient cinq candidats au cours des deux prochaines années. Leur engagement s'arrêterait là.

Aucun des célibataires de l'agence ne pouvait être vu en photo par les membres. Il fallait se fier aux employés qui effectuaient les recherches dans leur banque, à partir de ce qu'ils avaient comme informations et exigences de part et d'autre. Quand ils croyaient avoir un *match*, comme ils disaient, ils nous contactaient. La première proposition est arrivée dix jours plus tard.

Une fille, dont la voix et le prénom me laissaient croire qu'elle devait avoir au plus vingt-cinq ans, m'a appelée pour me proposer une rencontre avec Denis. (Les noms de famille ne sont jamais mentionnés, ni la profession d'ailleurs, et on ne nous donne qu'une vague idée du milieu de travail. Ainsi, on m'a simplement avisée que Denis était dans les affaires.) Il était divorcé depuis cinq ans et n'avait pas d'enfants.

Nous avions, à ce qu'Amélie m'a dit, plusieurs points en commun: les voyages, la marche en montagne, le golf, la cuisine, l'art…

Sa description physique se limitait à: «C'est un homme qui paraît bien.» J'avoue avoir trouvé le portrait un peu vague. Le «paraître bien» pour un homme pourrait être l'équivalent d'«avoir l'air fin» pour une femme. Un genre de compliment vide. Mais je me suis dit qu'au fond je n'en avais rien à foutre de l'opinion d'une gamine à propos de l'aspect d'un homme de cinquante ans!

Elle a terminé en disant qu'elle lui avait déjà parlé, qu'il voulait bien me rencontrer, et me demandait si j'avais envie de le connaître.

Ouais. Pas de photo, pas de nom… Je n'avais pas grand-chose comme infos, en fait. Mais il faut faire confiance… J'ai dit oui. (Je dis oui très souvent.)

J'ai reçu quelques heures plus tard un courriel de l'agence :

> Voici les coordonnées de Denis : 450-###-####
> Il vous contactera sous peu. Bonne rencontre avec Denis et tenez-nous au courant !
> Cordialement,
> Amélie

Il m'a appelée le lendemain et a passé avec succès le premier test : celui de la voix. Il s'agit peut-être d'une déformation professionnelle, mais je suis très sensible à ça. Imaginons par exemple que je me retrouve dans le noir total aux côtés de Guy Nadon, il est probable que le simple fait d'entendre le timbre de sa voix me fasse perdre l'esprit. D'autres hommes dotés d'un organe vocal moins riche (je pense ici, par exemple, et uniquement à titre d'illustration, à un autre Guy dont le nom évoque la colle de mon enfance) pourraient aussi y arriver, mais il faudrait vraiment qu'ils chuchotent ou susurrent, ou encore mieux se taisent et passent à l'action !

Nous avons brièvement échangé, je dirais pas plus de trois minutes, principalement sur le lieu et le moment qui nous conviendraient pour une rencontre. Il a proposé un brunch le samedi suivant à L'Express, rue Saint-Denis. Bon choix de resto. Je préfère ça à tous ces « Egg Machin » dont les assiettes sont remplies d'œufs recouverts de sauce jaune et d'une montagne de patates. Avez-vous remarqué vous aussi qu'il y a toujours, dans le coin de ces assiettes, un morceau de cantaloup pas mûr et une fraise (avec la queue) coupée en deux ? Je pense qu'ils mettent ça pour nous déculpabiliser d'ingurgiter les calories d'une journée entière en un seul repas.

Donc, avant même que je l'aie vu, Denis obtenait une note de sept sur dix au test vocal et une mention honorifique pour la sélection de l'endroit de notre premier tête-à-tête. Ça augurait bien.

Une fille qui se prépare à aller à un rendez-vous est à la fois ridicule et attachante, peu importe l'âge. Ce samedi-là, j'étais exactement dans le même état qu'en mille neuf cent quatre-vingt-sept quand Johane m'avait organisé une *blind date* avec Léo. La même nervosité, la même excitation et... le même doute! Cette incertitude qui nous caractérise toutes... Je fais quoi avec mes cheveux? Je les attache ou pas? Le chignon fait un peu sérieux, mais si je dégage de façon désinvolte quelques mèches, ça peut devenir sexy. Je pourrais aussi les laisser détachés, mais je dois tenir compte des conditions météo qui ne jouent pas en ma faveur; il pleut. Ma crinière, quand c'est humide, elle prend l'allure d'un S.O.S.!

Je porte quoi? Une blouse blanche? Ma robe noire sans manches? Chaussures ou bottes? Talons ou pas?...

J'ai dû me changer au moins cinq fois. C'est épuisant d'essayer d'être plus jolie que ce que le miroir nous renvoie comme image. Encore plus quand on le fait en fonction du regard de l'autre et qu'on n'a aucune idée de qui est l'autre.

Finalement, j'ai misé sur des pantalons capri, une veste assortie de couleur ivoire, des chaussures à talons plus bas que hauts et une camisole blanche, ajustée.

Après un labeur qui avait nécessité l'utilisation d'environ un demi-litre de produits capillaires, j'ai laissé mes cheveux détachés et prié pour que le taux d'humidité ne grimpe pas à plus de quatre-vingts pour cent.

Je suis arrivée au resto pile à l'heure et j'ai demandé à la dame à l'entrée si elle avait une réservation au nom de Denis. En disant son prénom, je me suis souvenue que je ne connaissais pas son nom de famille. *Fuck! Fuck! Et refuck!* Bien entendu, elle m'a demandé :

« Denis qui, s'il vous plaît ?

— Je n'en sais rien. Une réservation au nom de Denis, treize heures. »

(J'ai vu son sourire de fille qui juge ; elle savait que c'était une *date*. J'avais hâte de passer à autre chose. J'avais chaud et j'étais sur le point de perdre le contrôle de ma mise en plis.)

« Voilà, j'ai trouvé ! Denis, deux personnes. Si vous voulez bien me suivre (rictus à peine dissimulé).

— Merci. »

Il était assis tout au fond et avait eu la délicatesse de me laisser la place de choix, c'est-à-dire celle qui permet une vue globale de l'endroit. L'emplacement qu'il avait choisi était d'autant plus parfait qu'il me permettait de dissimuler mon œil qui louche. Le gauche. Je perds le contrôle dessus quand je regarde à droite. D'ailleurs, j'essaie de toujours choisir l'endroit où je m'assois en conséquence. Un œil *cross side* à un premier rendez-vous, c'est pas sexy!

Denis portait un veston marine et une chemise bleu pâle. J'aime les hommes qui se présentent en veston à un premier rendez-vous. Il m'était difficile de voir la façon dont il était habillé plus bas puisqu'il était assis, et il aurait été inapproprié que je jette un coup d'œil sous la table. Mais j'en mourais d'envie. Je n'ai pas encore mentionné mon affection pour les chaussures; c'est l'une des premières choses que je remarque. Un homme pourrait avoir sur le dos le plus beau des complets, il perdra à mes yeux beaucoup d'intérêt si ses souliers sont usés ou, pire, si leurs bouts sont pointus et retroussés. J'ai toujours pensé que ces chaussures devraient être interdites de vente aux humains; elles ont été conçues pour les lutins.

Même chose pour les chaussettes. Si beaucoup d'hommes portent une attention particulière à la manucure chez la gent féminine, bien des femmes, dont moi, vont remarquer un bas trop «lousse» ou moutonné. Ce petit morceau de linge peut aussi être un bon indicateur du sous-vêtement porté. D'où mon dicton: chaussettes poches, bobettes moches.

Malheureusement, les garçons sont nombreux à sous-estimer à quel point les filles s'attardent à ce genre de détails.

Pour en revenir à Denis, je n'arrivais pas à me prononcer sur son physique. Ni beau ni laid, je dirais : visage rond, yeux bleus, chauve, bouche un peu petite, mais belles dents et joli sourire. Il était mince et grand, j'en ai eu la confirmation quand il s'est levé pour aller aux toilettes. C'est aussi à ce moment que j'ai pu voir ses chaussures qui, sans être pointues, étaient décevantes.

Certaines règles doivent être respectées lors d'un premier rendez-vous. Celles de l'agence préconisaient une rencontre brève, une heure tout au plus, au cours de laquelle il ne devrait pas être question des histoires d'amour précédentes ni de choses trop personnelles. Consommation d'alcool déconseillée.

Et il y a mes règles. Inconséquentes. Notre premier rendez-vous a duré trois heures. On a bu une bouteille de vin et on a parlé de nos « ex ». La madame de l'agence n'aurait pas été fière de nous.

Il y a des gens qui deviennent beaux quand ils parlent, c'était le cas de Denis. Il aimait les gens, son travail, ses amis, la campagne, la vie. Discuter avec lui était facile et j'ai passé du très bon temps à

ses côtés, même si je n'ai, à aucun moment, ressenti une quelconque attirance pour lui. Était-ce
suffisant pour que j'aie envie de le revoir ? Je ne le
savais pas. Je me suis cependant souvenue qu'on
m'avait dit de solliciter une autre rencontre si
j'avais le moindre doute. Alors, quand il m'a dit
qu'il aimerait me revoir et qu'il m'a demandé si je
le souhaitais aussi, j'ai dit oui. (Je dis souvent…)

On s'est revus le samedi suivant. L'agence suggérait que le second rendez-vous ait lieu dans un
endroit public, autre qu'un bar ou un restaurant.
Nous avions tous les deux un intérêt pour la peinture, alors j'ai proposé une visite au Musée d'art
contemporain. L'idée lui a plu.

Si une balade dans le quartier des spectacles et
un moment passé ensemble, entourés de beauté,
parmi les œuvres de Riopelle et de Borduas, ne
me donnaient pas envie, ne serait-ce qu'un peu,
d'effleurer sa main, je savais que c'était peine perdue et… je n'ai pas eu envie. À un certain moment,
j'ai même pris de l'avance sur lui dans les couloirs
du musée, parce qu'il me semblait que j'appréciais
mieux l'exposition toute seule. Puis, nous sommes
allés prendre un verre rue Sainte-Catherine et c'est
là que j'aurais dû lui dire ce que je ressentais ou
plutôt ne ressentais pas, mais je n'en ai pas eu le

courage. Lorsque nous nous sommes laissés, il m'a donné un baiser. Je l'ai laissé faire, mais je n'ai pas aimé ça.

Je suis rentrée chez moi en sachant que je devais mettre un terme à cette histoire avant qu'elle en devienne une, et j'ai pris la voie la plus lâche pour lui faire savoir que je ne souhaitais pas le revoir; je lui ai envoyé un message texte dans lequel je lui disais qu'il était formidable, mais que je ne voulais pas lui faire perdre son temps, bla-bla-bla… un long message qui me valut un prompt « OK » en guise de réponse.

Lors de notre première rencontre, il m'avait demandé combien d'hommes m'avaient été présentés jusqu'à maintenant, et je lui avais répondu qu'il était le premier. Il m'avait dit :

« C'est dommage. Parce que je sais que tu ne t'arrêteras pas au premier. Tu voudras probablement voir de quoi ont l'air le deuxième et le suivant. Mais je peux te dire que ça arrive rarement, une complicité comme celle-là. »

Avec le recul, je dois admettre qu'il avait un peu raison. De tous les candidats que l'agence a mis sur ma route, il aura été le plus sympathique et le plus attentionné, mais je ne crois pas que j'en serais tombée amoureuse pour autant.

Nous nous sommes croisés un an plus tard sur le mont Royal, il marchait seul, moi aussi. Je sais qu'il m'a vue. Je lui ai souri. J'aurais voulu lui demander comment il allait, mais il a vite détourné la tête et j'ai compris qu'il ne souhaitait pas me parler. Respect, Denis.

René

J'ai contacté les gens à l'agence pour leur dire que ça n'avait pas fonctionné avec Denis, mais ils étaient déjà au courant, il les avait informés. On m'a demandé pourquoi ça n'avait pas marché. La question ne m'a pas surprise ; on m'avait dit qu'il était important que je donne mes impressions sur les candidats qui m'étaient présentés afin de permettre à l'agence de s'ajuster. Je n'ai pas su quoi dire. Je leur ai expliqué qu'il n'y avait rien en particulier qui m'avait déplu, mais rien non plus qui m'avait plu, pas assez en tout cas pour que j'aie le goût de le revoir.

La deuxième proposition est arrivée quelques semaines plus tard, en novembre. Un mois moche pour faire des rencontres.

Pour être honnête, je n'étais pas au meilleur de ma forme. Comme chaque année à la même période, mon teint estival avait fait place à une couleur incertaine que la compagnie Sico appelle

« soufflé d'avocat ». J'avais pris trois kilos dans les derniers mois parce que j'avais arrêté de fumer durant l'été. J'étais vraiment fière de m'être débarrassée de cette terrible habitude, mais l'un des inconvénients est la prise de poids. J'ai été à même de constater que ce gain peut être subit. Tu te lèves un matin et t'as pris trois kilos. C'est comme la presbytie, tu te couches un soir en faisant une grille de mots croisés sans lunettes et le lendemain matin il te faut un miroir grossissant pour t'épiler les sourcils. Injustices de la quarantaine.

À la liste de mes intempéries physiques s'ajoutaient mes yeux de fille qui se lève à quatre heures du matin pour aller travailler, tellement cernés que j'aurais pu vivre incognito dans une famille de ratons laveurs.

Un aussi beau brin de fille avait-elle les moyens de cracher sur l'opportunité de rencontrer René? Je ne pense pas.

René : cinquante-six ans, divorcé depuis plusieurs années, vivant seul, père de trois grands enfants, exerçant une profession libérale. Encore une fois, beaucoup d'imprécisions quant à son métier. Je ne sais pas pourquoi, j'ai tout de suite pensé avocat et l'avenir m'a donné raison.

Il m'a appelée le lendemain et nous avons convenu d'un rendez-vous pour un cinq à sept dans un resto-bar du centre-ville le jeudi suivant. (Test de la voix : cinq sur dix, un brin nasillarde. Il avait peut-être un rhume…)

Quand je suis allée à sa rencontre, j'ai d'abord été frappée par le lieu. C'était euh… comment dire ? Déstabilisant ? La place était bondée d'hommes d'affaires et ne comptait que deux clientes, dont moi. Les serveuses étaient toutes plus sexy les unes que les autres, et j'ai craint qu'elles n'attrapent froid tellement leur peau était peu protégée des courants d'air.

Si j'ai été déçue par l'endroit qu'il avait choisi, je l'ai moins été par son allure. Il paraissait bien. Il arrivait tout droit du bureau et son look était impeccable : veston gris taupe, chemise blanche, pantalon beige et chaussures de cuir cognac, classiques et jolies. Il n'était pas très grand, avait un beau sourire, le front large, de petits yeux bruns et des cheveux… absents. Il était chauve lui aussi. Deux en deux.

Je me suis alors souvenue que, lors de mon entretien avec la directrice de l'agence, j'avais peut-être commis l'impair de mentionner que je n'avais rien contre le fait de rencontrer des hommes chauves. J'étais coincée, elle allait me présenter tous les Kojak de l'agence, boudés par d'autres femmes!

Nous nous sommes installés au bar et avons commandé un verre de vin. La demoiselle qui nous servait avait tellement de seins dans son décolleté qu'elle défiait la loi de la gravité chaque fois qu'elle se penchait pour prendre une commande. J'ai pensé que je devais avoir l'air d'une religieuse avec mes perles, mon chemisier blanc et mon bonnet C.

J'ai échoué dans mon intention de faire durer la rencontre moins longtemps qu'avec Denis. Nous avons discuté, ou, devrais-je dire, il a discuté pendant deux heures.

J'ai appris qu'il avait quitté sa femme six ans plus tôt et qu'il avait eu, depuis, deux autres copines. Il avait laissé la dernière, de vingt ans sa cadette, trois mois auparavant; elle était jalouse, dépendante, et venait avec deux préadolescents (un facteur faisant souvent fuir les hommes de plus de cinquante ans).

J'avais vu juste. René était avocat, et son travail l'amenait à voyager fréquemment, surtout en Amérique du Sud. Il possédait un chalet dans le

Nord, qu'il avait réussi à garder lors de la séparation des biens après son divorce…

De sa voix nasillarde (et il n'avait pas le rhume), mon beau chauve parlait beaucoup! Je l'écoutais à demi quand il m'a raconté être le troisième d'une famille de quatre enfants, avoir grandi à Sherbrooke et fait ses études à l'Université de Montréal. C'est d'ailleurs durant cette période, m'a-t-il confié, qu'il avait fait la rencontre de Françoise, qui allait devenir sa femme six ans plus tard… Au bout de deux minutes, il avait complètement perdu mon attention. Je l'entendais à peine marmonner lorsque son monologue a été interrompu par notre serveuse, ambassadrice de Deux-Montagnes. Elle voulait savoir si nous désirions un autre verre. René a manifesté le désir de manger quelque chose et a proposé que nous allions ailleurs. J'aurais dû refuser et suggérer que l'on se revoie une autre fois, mais comme je suis molle, je l'ai suivi dans un restaurant chinois du centre-ville.

À première vue, l'endroit ne me paraissait pas très rassurant. Aucune enseigne à l'extérieur de l'édifice n'annonçait un quelconque resto. Une fois à l'intérieur, il fallait emprunter un couloir qui menait à un vieil ascenseur dans lequel nous nous sommes engouffrés. Pendant les quelques secondes qu'a duré la montée, j'ai imaginé que les portes allaient s'ouvrir sur un décor à la *Eyes Wide Shut*, avec velours rouge et chandeliers dorés. Une femme dominatrice, Nicole Kidman, moulée dans un costume de latex, allait nous inviter à la suivre dans son donjon où se trouvait son esclave, Tom Cruise, attaché à un calorifère. Mon initiation au sadomasochisme!! Je n'étais pas prête...

Nous avons heureusement été accueillis dans un autre cadre. J'apercevais un peu de rouge et quelques lueurs de bougies au loin, mais il s'agissait de lanternes chinoises. J'étais bel et bien dans un restaurant.

René était en terrain connu, tous les employés le saluaient; il fréquentait souvent l'endroit pour des lunchs d'affaires. Aussi, nous avons eu droit à l'une de leurs meilleures tables et goûté aux délicieuses spécialités de la maison.

Nous étions ensemble depuis près de quatre heures, mais j'ai eu l'impression que nous en arrivions à la même conclusion : le moment ne manquait pas d'agrément, mais il planait sur notre rencontre un certain malaise que je ne saurais expliquer et qui provoquait parfois des moments de silence dérangeants.

En sortant du resto, j'ai entendu de la musique qui venait de la pièce d'à côté. Je lui ai demandé s'il y avait une discothèque dans la bâtisse.

«Tu n'es jamais venue ici?

— Non.

— Suis-moi, il faut que tu voies ça.»

À quelques pas se trouvait un bar de karaoké, façon asiatique. Curieuse, j'ai demandé à l'un des employés de nous faire visiter. Devant nous, un long corridor avec de chaque côté des portes menant à des salons privés qu'on réservait à l'heure: trente dollars pour les petites salles, où pouvaient entrer un maximum de quatre personnes, et le double pour les plus grandes pouvant accueillir jusqu'à vingt chanteurs en devenir. Je trouvais le tout un peu déprimant. Je cherchai le regard de René, à la recherche d'un peu de connivence: il trépignait d'excitation!

«Allez, on loue une salle!

— Pas certaine que ça me tente. Une autre fois peut-être.»

Je n'avais pas terminé ma phrase qu'il jasait déjà avec le commis au comptoir, à qui il avait remis sa carte de crédit. J'allais vivre l'un des pires moments de mon existence.

Le salon en question avait des allures de bordel *cheap*. Nous étions assis sur un petit divan en L dont je ne pouvais distinguer la couleur tellement il faisait noir; le seul éclairage de la pièce consistait en une ampoule mauve fixée au plafond. Devant nous, une petite table, une manette, deux micros et, au mur, un téléviseur.

Je jure que j'ai essayé d'aimer ça. J'ai tenté de pousser quelques notes sur la musique d'Elton John ou sur les grands succès de Joe Dassin, mais mon aversion prenait constamment le dessus sur mon plaisir. Je n'osais imaginer tout ce qui avait pu se passer dans ce salon et me demandais si René pensait vraiment que toutes les personnes qui avaient loué cet espace l'avaient fait dans l'unique but de venir chanter une *tune* de Martine St-Clair… Je lui ai fait part de ma réflexion et demandé si c'était la première fois qu'il fréquentait l'endroit.

«Non. Je suis venu le mois passé.

— Ah oui? Avec qui? Des amis?

— Non. Avec une fille que j'avais rencontrée, c'est elle qui m'a fait découvrir la place. Une Vietnamienne.

— Et vous avez chanté en quelle langue ? (Il n'a pas compris ma blague.)

— Euh… je ne me rappelle plus.

— Vous n'avez pas chanté, en fait ?

— Non. Pas vraiment. »

Bon. J'en avais marre de l'Asie. Le restaurant chinois, le karaoké japonais, la fille vietnamienne : j'avais fait le tour. Je me suis donc levée, en prenant bien soin d'éviter tout contact avec le sofa où devaient gambader des milliers de bactéries de toutes sortes, et je lui ai dit que j'aimerais bien m'en aller. En deux minutes, nous étions sur le trottoir. Je crois qu'il avait hâte de partir lui aussi. Je suis montée dans un taxi en poussant un soupir de soulagement. Je n'ai plus donné de nouvelles. Il a fait de même. Aucune explication n'était nécessaire.

Les défaites de ces deux rencontres coup sur coup avaient provoqué chez moi une légère remise en question. Étais-je trop intransigeante ? Mes attentes étaient-elles trop élevées ? Est-ce que j'avais véritablement envie de laisser entrer un homme dans ma vie ? Allais-je vieillir seule ?

Parce que je n'avais pas envie d'entendre les réponses, j'ai balayé toutes ces incertitudes sous le tapis ! Je suis championne dans l'art du balayage. Depuis que je suis toute petite, c'est là que je cache les réflexions que je ne souhaite pas faire. J'ai aussi balayé des personnes et des moments auxquels je ne veux plus penser. Je sais bien qu'il faudrait que je soulève parfois un coin de la carpette pour laisser s'échapper un peu de poussière, mais j'y arrive rarement. Je travaille là-dessus.

Je suis aussi passée maître dans l'art de fuir un examen de conscience. Pour échapper à la remise en question, il n'y a rien comme appeler une amie, l'inviter à prendre un verre de gin tonic et faire des tests dans les magazines féminins. Je recommande le site du magazine *Marie-Claire* qui en propose des dizaines, tous plus « scientifiques » les uns que les autres, et qui permettent de répondre, en dix questions, à des tas d'interrogations fondamentales. Isabelle et moi en avons trouvé un qui convenait très bien à ma situation :

Êtes-vous prête à retomber EN AMOUR ?

Mon résultat : FONCEZ ! VOUS ÊTES MÛRE POUR ACCUEILLIR À BRAS OUVERTS L'HOMME DE VOTRE VIE !

Et voilà ! Précisément ce que je voulais entendre.

J'en ai profité, tant qu'à y être, pour vérifier quel était mon moment de prédilection pour faire l'amour : dix-sept heures. Et pour calculer mon taux de bisexualité : deux pour cent. Mine de rien, j'avais réglé trois dossiers en dix minutes : j'étais hétéro, prête à rencontrer l'âme sœur, et plus *hot* au lit pendant l'heure de pointe du retour à la maison.

Forte du résultat de mon test, j'ai informé l'agence de rencontres de cette nouvelle déception. J'ai mentionné au passage que s'ils avaient dans leur banque de données un candidat doté à la fois de l'intelligence et de la délicatesse de Denis et du look de René, je serais ravie qu'on me le présente. Je leur ai finalement fait part de mon intention d'attendre quelques semaines avant de faire d'autres rencontres.

Ensuite, j'ai fait le calcul suivant : 1 600 divisé par 5 x 2 = 640. C'est le montant que j'avais dépensé à ce jour en rencontres infructueuses. Dans l'éventualité où l'agence ne me présenterait que cinq candidats, il me resterait un peu moins de mille dollars en banque, l'équivalent de trois hommes. J'allais laisser mon investissement « fructifier » jusqu'au retour des vacances de Noël. J'avais en tête de faire un voyage. Mon premier toute seule.

François

Je n'ai pas beaucoup voyagé dans ma vie. Parfois parce que je n'avais pas les sous, souvent parce qu'en ridicule mère poule j'étais incapable de me séparer de ma fille et, surtout, parce que je suis zéro aventurière. Tous ceux qui ont déjà eu l'occasion de se déplacer avec moi vous le diront, je suis un brin princesse quand je voyage. Depuis des années, avec les amis, on loue une maison pour les vacances d'été à la mer et j'ai la réputation, au sein de mon groupe d'intolérants copains, de toujours vouloir la plus grande et la plus dispendieuse des demeures. Ils ne comprennent rien. Je ne loue pas la plus vaste ni la plus chère, je loue la plus jolie! Si le prix à payer pour qu'on ne me fasse pas dormir dans un motel miteux ou dans une tente humide est de me faire traiter de snob, je suis disposée à recevoir cette injure. La beauté et le confort font partie de mon bonheur en vacances. Même que pour me rendre la vie plus douce, je traîne systématiquement dans mes bagages : des draps blancs, une belle couverture au cas où le couvre-lit serait hideux et collant, une nappe (mêmes raisons que pour le couvre-lit), un tapis de douche blanc, des serviettes blanches et des chandelles… inodores !

Le peu du globe terrestre que j'avais vu ne m'avait jamais dérangée jusqu'alors. Je m'accommodais très bien de petites virées à New York ou à Chicago et de vacances estivales en Caroline du Nord. Mais ces dernières années, j'avais l'impression d'être passée à côté de quelque chose. Je voulais découvrir l'Espagne, la Grèce, peut-être même l'Inde… et, bien entendu, comme toute romantique qui se respecte, je rêvais aussi de l'Italie, mais je me jurais d'y aller avec un amoureux, alors j'attendais. Sous aucun prétexte, je n'embarquerais seule dans une gondole à Venise.

La fin de cette année-là coïncidait avec le départ de ma fille, qui allait vivre en appartement. Elle déménageait tout près, à quelques rues de chez moi, mais sa présence allait me manquer, et j'appréhendais le jour où je me retrouverais seule à la maison. Depuis plus de vingt ans, j'avais fait tourner ma vie au rythme de la sienne et l'idée de ne plus savoir autour de qui j'allais graviter dorénavant m'étourdissait un peu. J'ai ressenti le besoin de me lancer dans le vide, de me prouver que je pouvais être bien avec moi-même, loin, sans ma fille et mes amies, sans mes repères.

J'ai pris l'avion pour Londres le douze décembre. Mon premier voyage en solo. Dix jours au royaume de l'extravagance.

Je suis arrivée en pleine période des Fêtes, et la ville était féérique : décorations, marchés de Noël, patinoires illuminées, spectaculaires vitrines de magasins, *Christmas carols* (ces émouvantes chorales qui vous attendent avec des chants de Noël au coin des rues)… Londres sentait le pain d'épice et le vin chaud, et ça me rendait heureuse !

J'ai tout aimé de mon séjour : mon petit hôtel dans South Kensington, les musées, les boutiques, les terrasses ouvertes en décembre, l'architecture, l'histoire, les gens. Tout. Sauf l'humidité. Dois-je rappeler à quel point ce climat et mes cheveux ne font pas bon ménage ? Tout le temps qu'a duré mon périple, j'ai eu une tête de caniche (royal évidemment, monarchie oblige). Et je comprends mieux maintenant pourquoi la reine porte toujours des chapeaux.

Je n'allais pas là avec l'idée de rencontrer un bel Anglais, même si j'admets l'avoir imaginé parfois.

Les Britanniques ont un aplomb, un calme et une élégance qui me charment au plus haut point. Pour ne pas paraître obsessionnelle, je ne m'étendrai pas sur leurs chaussures, mais il m'a semblé que même celles des sans-abris étaient de bon goût.

De l'homme qui porte votre valise à celui que vous croisez à huit heures au comptoir d'un café, en passant par cet autre qui vous cède sa place dans le bus, on peut tomber amoureuse plusieurs fois par jour dans cette ville! Avec un peu de chance, j'allais peut-être croiser un Hugh Grant, moi aussi! Bon. Il aurait sans doute la chevelure moins abondante, serait certainement plus petit et aurait le ventre un peu plus proéminent. Au final, il ressemblerait peut-être davantage à Phil Collins, mais je m'en accommoderais. Mieux vaut un Phil amoureux qu'un Hugh couraillleux!

J'appréciais la liberté de mouvements que me procurait le fait de voyager en solitaire, mais il m'arrivait parfois, le soir surtout, de me sentir un peu seule dans ma jolie chambre, écrasée dans mon immense lit… *king*! (En Grande-Bretagne, même les lits font dans la royauté!) Lors de l'une de ces soirées aux allures mélancoliques, dans le rectangle avec la petite loupe de ma page Facebook, j'ai tapé le nom d'un «ex».

Tout le monde a une histoire d'amour enfouie, idéalisée par le temps. La mienne s'appelle François.

J'ai eu le courage une seule fois d'approcher un garçon pour lui signifier qu'il me plaisait. C'était en mille neuf cent quatre-vingt-sept et j'avais vingt-deux ans. Ce soir-là, je me trouvais avec des amis dans un petit bar du centre-ville de Trois-Rivières. À l'heure, genre deux du matin, où je commençais à me dire qu'il serait temps de partir avant que le gars soûl au bar qui venait de me sourire ne s'avance vers moi, il est entré.

Quand je l'ai vu, tout ce qui permettait à mon cœur de bien fonctionner s'est énervé : artère, ventricules, oreillettes…

Je remarquai à son bras une fille que je connaissais juste assez pour savoir qu'il aurait été étonnant que tous deux soient en couple, puisqu'elle préférait les Françoise aux François. En fait, c'était la blonde de la serveuse du bar où nous nous trouvions. Le champ paraissait libre. Il m'a fallu une bonne dose de courage (et un scotch soda) pour aller vers lui.

« Allo. Je m'appelle Marie-Élaine.

— Allo. Moi, c'est François. »

Ensuite, un silence. D'au moins une minute. Je suis tellement nulle. Il a dû le sentir parce qu'il a pris les devants :

« Tu veux quelque chose à boire ? J'allais me commander une bière.

— Avec plaisir. La même chose que toi, s'il te plaît. »

Je l'aurais embrassé sur-le-champ, mais j'ai attendu. Nous avons parlé, accoudés au bar, jusqu'à ce qu'on nous mette dehors, puis je lui ai proposé de venir chez moi. Ce n'est pas dans ma nature d'inviter un homme le premier soir, mais je n'avais aucune envie de m'en séparer, d'autant qu'il m'avait dit qu'il repartait le lendemain pour Montréal. Alors, il y a eu cette première nuit, et une deuxième la semaine suivante, et après, il y en a eu plein.

Il a été mon amoureux pendant près de trois ans, jusqu'à ce que j'apprenne qu'il m'avait trompée. Une seule fois, m'a-t-il juré, mais une fois de trop. On a le pardon moins facile à vingt ans qu'à quarante face à la trahison. Je l'ai donc quitté et j'ai réalisé qu'il me manquait quand je suis tombée enceinte d'un autre, deux ans plus tard. C'est avec François que j'avais imaginé fonder une famille.

Je ne l'ai jamais revu. On m'a dit qu'il s'était marié, qu'il avait eu deux enfants et qu'il habitait dans les Laurentides, mais je n'en savais pas plus. J'ai mis peu de temps à le retrouver sur Facebook. En voyant sa photo de profil, j'ai constaté qu'il n'avait pas beaucoup changé : le même sourire craquant, les yeux noirs, tellement petits qu'on les perdait quand il riait, et la mâchoire carrée.

N'eût été son front et ses tempes un peu dégarnies, j'aurais pu croire que la photo datait d'il y a vingt ans.

Son statut n'indiquait pas s'il était toujours marié, mais les photos que je voyais le montraient seul ou en compagnie de deux garçons que je devinais être ses fils, mais jamais aux côtés d'une femme.

Je lui ai envoyé une demande d'amitié et un petit message :

> Bonjour François. Si tu en as envie, donne des nou-velles. Une ex qui t'espère heureux.

Pour dire vrai, je l'espérais heureux et céliba-taire, mais je me suis gardée une petite gêne. Après avoir appuyé sur « envoyer », je me suis endormie dans mon lit princier en rêvant d'une réponse de ce garçon que j'avais aimé vingt ans auparavant.

En me réveillant le lendemain, comme pour prolonger la fébrilité de l'attente, j'ai résisté à la tentation de regarder s'il m'avait répondu. J'ai pris une douche et je suis descendue chercher mon petit-déjeuner.

Les matins sentaient bon dans cet hôtel. Je ne sais quelle odeur l'emportait sur l'autre : le café ou le bacon? Mais les deux me rendaient de bonne humeur. Je suis remontée dans ma chambre avec une assiette remplie de bacon, de fèves au lard et de pain blanc, deux mille calories minimum! J'ai déposé le plateau sur mon lit, pris quelques gorgées de café et ouvert mon ordi. Il avait écrit :

> Salut Bou (surnom qu'il me donnait à l'époque, c'était bon signe…), je suis content que tu m'écrives, j'ai voulu le faire à quelques reprises, mais je n'osais pas. Comment tu vas?

Premier échange d'une longue série. D'abord sur Facebook, mais rapidement par courriel et ensuite par texto. Il était devenu ingénieur, était séparé depuis plusieurs années, avait la garde partagée de ses deux garçons de douze et quinze ans et habitait en banlieue de Montréal.

Nous nous sommes parlé tous les jours jusqu'à la fin de mon voyage, parfois pendant une demi-heure, à trente sous la minute!

À sa demande, je me suis initiée à Facetime, moi qui, pour des raisons purement esthétiques, étais contre l'idée. Les femmes de mon âge qui prétendent ne pas se pomponner avant de se montrer à un homme devant cette dévastatrice caméra mentent ou s'appellent Jennifer Aniston.

Je souligne au passage qu'il y a des règles à suivre pour avoir l'air fin quand on « facetime ». Le look doit être soigné, mais pas trop ; le mâle à l'autre bout doit croire qu'on a toujours l'air de ça à la maison. Il faut donc :

– se maquiller sobrement en s'attardant au teint et à la dissimulation des cernes ;

– prévoir trente minutes pour se coiffer et tout autant pour se décoiffer afin de ne pas avoir l'air de l'être trop ;

– opter pour des vêtements décontractés aux couleurs pâles (c'est plus flatteur) et écarter ceux en coton ouaté.

Enfin, il est suggéré de surélever suffisamment l'ordinateur pour ne pas avoir à se pencher, ce qui, le cas échéant, pourrait laisser entrevoir des plis inadéquats au cou. C'est pourquoi je privilégie l'utilisation d'une table et déconseille fortement de faire ça au lit.

Lors de ma première discussion vidéo avec François, j'en suis venue à la conclusion que les photos que j'avais vues sur sa page Facebook devaient dater parce que je n'apercevais aucune trace de sa belle chevelure. Pas grave, me suis-je dit, je ne suis pas à un chauve près; François était mon troisième de suite! Même si je n'avais rien contre les crânes dégarnis, force était d'admettre que j'avais un don pour attirer la calvitie.

Il a, sans le savoir, fait ce voyage à Londres avec moi, en pensée du moins; je songeais à lui devant chaque chose qui m'émouvait: un musée, une église, un pont, un parc, une paire de bottes…

Il s'est même inquiété pour moi le soir du dix-neuf décembre. Il avait appris aux informations que plusieurs personnes avaient été grièvement blessées lors de l'effondrement du toit du théâtre Apollo, à Londres. Il savait que j'avais prévu d'aller voir un spectacle ce jeudi-là, mais il ignorait à quel endroit. J'étais heureusement dans un autre théâtre, et quand j'en suis sortie, j'avais sept messages: un de mon père, quatre de mes amies et deux de lui. Il y avait bien longtemps qu'un homme ne s'était pas soucié de moi, et ça m'a touchée.

Je suis rentrée à Montréal trois jours avant Noël, charmée par cette ville formidable et électrisée à l'idée de revoir François. Nous avions prévu de passer ensemble le jour de l'An, et jamais je n'avais eu aussi hâte de réveillonner!

Il est arrivé chez moi le trente et un décembre deux mille treize et il est reparti le cinq janvier deux mille quatorze. Je ne me rappelle pas que nous ayons fait autre chose que l'amour, parler, rire et parfois manger. Cinq jours de bonheur simple. C'est comme ça que se terminaient mes vacances de Noël. Pas pire quand même!

Nous nous sommes séparés, non sans peine, le dimanche en fin de journée, avec la promesse de nous retrouver le week-end suivant. Rien ne laissait croire, quand il a franchi le pas de ma porte en m'embrassant, que je le voyais pour la dernière fois.

Le lendemain matin, pendant que j'animais mon émission à la radio, j'ai vu sur mon portable qu'il m'avait envoyé un courriel. Je me suis empressée de le lire, convaincue d'y trouver des mots doux qui me feraient chaud au cœur. La douche que j'ai reçue fut plus glaciale que froide.

Je me rappelle très bien l'heure: il était six heures cinquante.

De : Francois _____
Envoyé : 2014-01-06
À : Marie-Élaine
Objet : wow…

Dear R.

My office smells great this morning and I have images looking at my couch. xx

Ce courriel n'avait pas été écrit pour moi. Il s'était trompé de destinataire.

Il m'a fallu une bien petite dose de perspicacité pour comprendre que, quelques heures après m'avoir quittée, il s'était rendu à son bureau et avait fait l'amour à une autre femme qui, selon toute vraisemblance, parlait *english* !

Les secondes qui ont suivi, je ne me suis pas sentie bien. J'étais hors d'état de faire quoi que ce soit, nuire, penser, ou même respirer. L'adjectif approprié pour décrire mon état serait « liquéfié », mais comme je me trouvais plus dans un état gélatineux que liquide, j'ai opté pour celui-ci, inventé de toute pièce : « flasqué ».

Le six janvier au matin, je me suis donc « flasquée ». J'ai dû cependant redonner rapidement une certaine structure à mon être de façade, puisque j'avais une émission de radio à terminer. J'ignore d'ailleurs comment j'ai fait pour me rendre jusqu'à la fin. Une fois à la maison, j'ai fait « répondre » :

Objet : mauvais destinataire

Cher F.

Je parle français.

Mon prénom ne débute pas par la lettre R.

Je ne suis jamais entrée dans ton bureau et, par le fait même, ne me suis jamais assise et encore moins couchée sur ton cr... de sofa.

M.

Il a mis plusieurs heures avant de me répondre, occupé, j'imagine, à réfléchir à une façon de s'en sortir. J'ai finalement reçu en soirée un courriel dans lequel il me mentionnait que je faisais erreur, que l'odeur de mon parfum s'était répandue dans son bureau parce qu'il portait le même chandail que lorsqu'il m'avait enlacée la veille. Aucune explication sur la langue utilisée ni sur les images qu'il revoyait en regardant son canapé ! Un tissu de mensonges. Une insulte à mon intelligence... Et à la sienne !

J'ai eu honte pour lui et de moi. De moi parce que l'idée qu'il m'ait touchée quelques heures avant d'aller faire l'amour à une autre me répugnait et parce que je m'en voulais d'avoir été si naïve. Je n'ai pas répondu à ce message et j'en ai reçu un

autre deux jours plus tard où il me demandait
pardon : «Je ne m'excuserai jamais assez pour ce
que je t'ai fait.» Encore une fois, j'ai fait silence.
Je n'avais pas l'intention de lui pardonner, ni de
le revoir.

Je n'ai pu lui reprocher cette fois de m'avoir été
infidèle, il aurait fallu pour cela que nous formions
à nouveau un couple, et ce n'était pas (du moins
pas encore) le cas. Je me suis quand même donné
le droit de questionner son manque d'intégrité.

Heureusement, l'épisode François n'avait pas
eu le temps de m'abîmer. Je suis passée rapidement
du stade de la déception à celui de la résignation :
j'avais idéalisé cet amour de jeunesse. En tournant
définitivement la page sur ce semblant d'histoire,
je me suis félicitée de ne jamais lui avoir donné
d'enfant.

J'ai toujours été la femme d'un seul homme.
Mais je ne m'accorde pas beaucoup de mérite pour
cela ; je ne pense pas être fidèle par engagement ou
par loyauté, je le suis parce que je manque de
confiance en moi et parce que j'ai besoin qu'une
intimité soit installée avant de pouvoir m'aban-
donner. Le sexe dans les toilettes des bars, ça n'a
jamais été pour moi. Il m'est arrivé quelquefois de
fantasmer sur d'autres hommes dans des moments

où j'étais malheureuse en couple, mais jamais je n'ai eu la force (ou la faiblesse) de manifester quoi que ce soit, ne serait-ce que mon désir.

Être fidèle ne m'a pas mise à l'abri de l'imposture. À ma connaissance, j'ai été trompée par deux partenaires au cours de ma vie. Était-ce le fruit du hasard s'il s'agissait des hommes dont j'avais été le plus amoureuse ? Peut-être pas, les deux ayant en commun d'avoir beaucoup d'assurance, de charme, et suffisamment d'argent pour pouvoir s'offrir tout ce qu'ils souhaitent.

Ce que je n'aime pas dans l'infidélité, c'est le mensonge qui l'accompagne. Je suis plus dégoûtée par les histoires inventées, les défaites et les excuses engendrées par la tromperie que par le geste lui-même. Un homme qui se fait prendre à mentir perd à mes yeux l'essentiel de son sex-appeal, comme si son dos, que je voyais droit, venait à jamais de se courber.

Martin

Beaucoup de femmes auraient pris leurs jambes à leur cou en écoutant le *pitch* de vente de Martin, le troisième candidat que l'agence m'a proposé.

Tout avait pourtant si bien commencé. J'étais allée à sa rencontre dans un café de l'avenue du Parc, à Montréal, un samedi matin de mars. Le genre de journée aux allures de printemps, où on dirait que le monde est plus beau que le jour précédent.

L'homme devant moi était séduisant, plutôt grand et bien proportionné ; il avait un agréable sourire, de jolies mains et, surprise… il bénéficiait d'une chevelure. Tout plein de cheveux ! Enfin !

En plus de son physique, son calme et son assurance me charmaient. À cinquante-six ans, Martin avait été marié à la même femme pendant la moitié de sa vie. Ensemble, ils avaient eu cinq enfants et étaient grands-parents quatre fois. À peine avais-je absorbé le choc que j'avais désormais l'âge de rencontrer des papis qu'il m'assommait en m'annonçant être séparé depuis... trois mois!

«Trois mois? lui ai-je lancé (ou ai-je hurlé, je ne sais plus).

— Je sais. C'est récent. Mais ça faisait long-temps que notre couple allait mal. Dans ma tête et dans mon cœur, je suis séparé depuis bien plus longtemps que ça.

— Et c'est toi qui es parti?

— Oui.

— Après vingt-huit ans de vie commune?

— Oui.

— Tes cinq enfants, ils prennent ça comment, la séparation?

— Pas super bien, ils trouvent ça difficile, c'est certain, mais ils vont s'en remettre.»

Il s'ouvrait à moi, me confiant l'état de ses relations familiales. Cela devait sans doute être touchant. Malheureusement, dans me tête, j'étais déjà en train de me projeter deux ans plus tard, à Noël, chez mon *chum* Martin, entourée de «nos» cinq enfants et de leur marmaille. Dans ma représentation mentale de la scène, l'ambiance était tellement tendue que même la dinde au centre de la table aurait sacré son camp si elle avait eu la capacité de le faire.

Si je n'avais pas eu de telles craintes, suscitées par sa trop récente séparation ou par mon imagination débordante, Martin aurait pu être un candidat intéressant, et il se peut même que j'aie commis une erreur en le laissant filer. Je ne le saurai jamais, parce que, contrairement à la dinde, je pouvais fuir la scène, et c'est précisément ce que j'ai fait.

Je me rappelle m'être sentie esseulée, ce soir-là. Une sensation que j'associais à l'insuccès de ce nouveau rendez-vous, et au fait que nous étions samedi. S'il y a un jour où le célibat est difficile à supporter, c'est bien celui-là. Quand il fait jour, ça va ; on fait des courses, on cuisine, on va voir une expo… C'est vers dix-huit heures que ça se complique, c'est à cette heure-là que remonte ce sentiment d'être la seule à ne pas être deux pour souper. Il faut dire que toutes mes amies sont en couple. Toutes : Johane, Isabelle, Julie, Nadia… Mes copines et leur conjoint sont formidables ; je recevais d'eux chaque week-end des invitations pour aller à la campagne, au cinéma, au restaurant… Au début, j'acceptais, ne me formalisant pas de jouer les chaperons, mais deux ans de samedis soir à être le chiffre impair à table, ça finit par user une fille !

Alors j'ai commencé à dire oui moins souvent à mes amis et à occuper mes soirées du samedi différemment, c'est-à-dire en mangeant un quart de poulet de chez St-Hubert devant la télé ou en allant m'asseoir au comptoir du restaurant Le Serpent, dans le Vieux-Montréal. Je vais là tellement souvent qu'une place m'y est assignée : dans l'entrée, droit devant, il y a deux tabourets ; celui de droite, c'est le « banc de Marie-Élaine ».

Mon comptable trouve que j'abuse des visites dans les restos, et il a peut-être raison ; je n'ai jamais osé faire le calcul, mais je suis à peu près certaine que, dans une année, je dépense en repas au restaurant l'équivalent d'un voyage en Australie. Dans un cinq étoiles. Deux semaines.

Donc, ce soir-là où je me sentais si seule, je suis allée visiter mon banc et j'ai trouvé un peu de réconfort dans un risotto au homard et un verre de chardonnay italien. En sortant, alors que j'attendais un taxi, j'ai croisé une ancienne collègue de travail que je n'avais pas vue depuis plusieurs années : Sophia. Une journaliste brillante, et très jolie : une espèce de Macha Grenon blonde. À l'époque, tous les gars de la station de radio où nous travaillions rêvaient (en vain) d'un moment avec elle au party de Noël.

Même son prénom avait l'air fin : Sophia. Pourquoi les belles filles ont toujours des petits noms à consonance sexy ? Pas de danger qu'elles s'appellent Manon ou Josée comme toutes les filles nées en mille neuf cent soixante-huit au Québec. Ben non. Elle, ses parents, du monde du Lac-Saint-Jean, lui ont donné un prénom italien. Dans ces années-là, elle devait être la seule Sophia à Saint-Fulgence, c'est comme rien.

Sophia m'a annoncé être nouvellement séparée de son conjoint :

« Oooh ! Suis désolée pour toi, je lui ai dit.

— Ne t'en fais pas ! Je suis en pleine forme et bien décidée à rencontrer le futur homme de ma vie ! »

La phrase a retenti dans ma tête tel un début de migraine. La fille de quarante-cinq ans la plus « pétard » de l'île de Montréal se cherchait un *chum* et sortait au même endroit que moi !

Je sais que mes amies et ma psychologue m'auraient dit que je ne me faisais pas assez confiance, que le regard que je posais sur moi était intransigeant, que j'étais jolie moi aussi, mais c'était plus fort que moi, je demeurais convaincue que, tant et aussi longtemps que cette déesse serait sur le marché, mes chances de rencontrer un homme seraient moins grandes, voire nulles.

Si j'avais eu les mille six cents dollars en poche, question de mettre fin à son célibat, je jure que je lui aurais payé une inscription à mon agence de rencontres !

Edoardo

Après mon plus que bref rendez-vous avec Martin, j'ai dû me rendre à l'évidence que, contrairement à lui, il était improbable que je puisse un jour me vanter d'avoir passé trente ans avec la même personne. Il faudrait pour cela que je rencontre l'homme de ma vie là, maintenant, et que nous vivions main dans la main jusqu'à quatre-vingts ans. Aussi bien m'acheter un billet de Lotto Max, et rêver.

Mais la véritable question soulevée par cet état de fait était : ai-je la capacité de rester en couple aussi longtemps ? Je n'étais certaine de rien, mais je voulais croire que oui. Je chérissais et chéris encore l'idée de me voir vieillir aux côtés d'un homme que j'aime, et il m'arrive même parfois de me marier à nouveau en pensée (en considérant bien sûr que mon premier mariage en était un).

J'aime les mariages. Chaque fois que je passe devant une église où résonnent des cloches, je ne peux m'empêcher d'épier la scène, à la recherche d'une longue robe blanche.

Le bon Dieu est bienveillant à l'endroit des fouineuses de noces; il m'a permis d'habiter pendant quatre ans un appartement situé tout juste devant l'église Sainte-Madeleine, à Outremont. J'ai observé, de la fenêtre de mon salon, des dizaines de mariages, mais le plus beau auquel j'ai « assisté » demeure sans contredit celui de Justin Trudeau et Sophie Grégoire. Elle était magnifique, la future première dame du pays dans sa robe de dentelle ivoire, et lui, tout sourire, si amoureux, avec ses cheveux trop longs et sa bouille d'adolescent. Du beau monde.

J'aime les mariages. Mais allez savoir pourquoi, je n'y suis jamais invitée. Je me suis même amusée à additionner, de manière très conservatrice, le nombre minimal de célébrations nuptiales auxquelles j'aurais dû être conviée au cours de ma vie, et je suis arrivée à un total de sept: deux de cousins ou cousines, deux de frères et sœurs, et environ trois d'amis et collègues. Dans les faits, je n'ai assisté en tout qu'à trois mariages: celui de mes deux sœurs et le mien. Tous se sont soldés par un divorce.

Et en écrivant la phrase qui précède, je réalise que je viens peut-être de trouver la raison pour laquelle on me préfère absente lors de ces événements.

Avec le prochain, il n'aurait pu être question de mariage parce que, dès le premier rendez-vous, il a mis cartes sur table :

« Y faut pâ qué tu *fall in love* avec moé. *Because* moé, jé peux pâ en aimer juste une, jé les aime toutes, les femmes. »

Tous les clichés du bel Italien réunis dans une même personne : Edoardo. L'être le plus charmant, le plus distrayant et le plus macho de la Petite Italie.

J'ai fait sa connaissance un vendredi soir d'avril dans l'entrée d'un restaurant du centre-ville, où Johane et Claude m'avaient invitée afin de souligner mon anniversaire. Alors que nous attendions qu'une table nous soit assignée, un homme s'est approché de mon amie en lui disant qu'il la trouvait très séduisante et a, dans les secondes qui ont suivi, légèrement défailli quand il a réalisé que le monsieur à côté de la dame qu'il trouvait si jolie était son mari. Pris d'un petit malaise, Casanova a légèrement tourné la tête vers la gauche, et c'est là qu'il m'a vue.

C'est souvent comme ça quand je sors avec Johane ; les gars la remarquent d'abord et réalisent ensuite qu'il y a une petite personne derrière : moi. C'est comme ça depuis le collège. Je n'y peux rien ; elle a du charme et, par surcroît, me dépasse de douze centimètres !

Il s'est donc rabattu sur moi :

«Moé, c'est Edoardo. *Nice to meet you!*», m'a-t-il dit en déposant un baiser sur ma main.

Si mon souvenir est bon, je crois avoir éclaté de rire :

«Incroyable ! Il y a trente secondes, c'est ma copine qui vous intéressait !

— Mais *now* c'est toé la chanceuse ! *What's your name, bella ?*

— Marie-Élaine.»

Sa façon de séduire manquait de finesse, mais pas d'agrément. Il en était presque drôle.

«OK, Maria. *Just give me your number,* on va aller prendre un *drink.*»

Edoardo parlait un quart français, un quart italien et deux quarts anglais.

«Euhh… non merci, c'est gentil, mais non»,
j'ai répondu.

Je m'étais crue sauvée par le maître d'hôtel qui
venait de nous annoncer que notre table était
prête. Mais j'avais sous-estimé la ténacité du beau
Rital. Tel un chasseur attisé par le chevreuil qui se
terre, il a attendu que je sois assise et a demandé
au serveur de m'apporter, en guise d'appât, non
pas une pomme mais une coupe de champagne,
accompagnée d'une note :

> *Just one drink. You won't regret it.*
> *E.*

Une suffisance aussi insupportable qu'attirante.
J'étais sur le point de craquer. Juste un verre. Pourquoi pas ? me disais-je. Quand je me suis levée au
milieu de la soirée pour aller aux toilettes, influencée
par mon amie Johane qui me disait que je devrais
accepter l'invitation ne serait-ce que pour me
changer les idées, j'ai fait un petit détour vers le
bar où il était assis, avec la fausse intention de le
remercier pour le verre qu'il m'avait offert et la
vraie de lui laisser mon numéro de téléphone.

«OK, Maria. *When do you want to go out* avec
moé ? Demain ? Après-demain ?

— Demain c'est bon.

— Super! *I will call you* après ma journée à la job. C'est OK?

— Tu travailles le samedi?

— *Yes.* Dans un garage. *I'm a mechanic.* Toé, tu fais quoi?

— Je suis animatrice à la radio.

— OK. T'es une vedette?

— Non, pas vraiment.

— Bon. *See you tomorrow*, la star.» (Et j'ai eu droit ici au prévisible clin d'œil.)

Le lendemain donc, j'ai douté de lui, loin d'être convaincue qu'il m'appellerait, mais il l'a fait. Quand mon cellulaire a sonné à dix-sept heures quinze, je savais que c'était lui, mais j'ai pris soin de répondre avec un certain détachement, comme si j'avais oublié qu'il existait:

«Oui allo?

— Bonjour, la star! *It's Edoardo.* Toujours *on* pour un *drink*?

— Oui. Tu as une idée de où on irait?

— *We will see.* Texte-moé *your address.* Je passe te chercher *around seven.* C'est OK pour toi?

— Parfait.

— *Nice. See you soon.* »

Soon, c'était dans une heure trente! Ça me laissait peu de temps pour m'arranger, surtout que je n'avais aucune idée de ce que j'allais porter. Ne voulant pas trop en faire, je me suis basée sur l'allure qu'il avait la veille au resto et sur le fait qu'il était garagiste. J'ai donc présumé (à tort) qu'il opterait pour un look décontracté.

À dix-neuf heures tapantes, j'ai reçu un message texte; il m'attendait devant mon appartement. En sortant, j'ai eu droit à une succession de petits chocs: Edoardo est sorti d'une décapotable rouge avec ce sourire qui n'en finissait plus d'être beau, et m'a ouvert la portière de sa… Ferrari! Après avoir repris mon souffle et admiré le bolide, c'est l'allure du chauffeur qui a retenu mon attention. Il était parfait: chemisier blanc à fins carreaux rouges, pull marine, cravate de soie, pantalon et veston écrus, coupés à la perfection, chaussures de suède bleu.

Je regrettais mon jeans. Heureusement, le haut blanc sans manches que je portais avait quelque chose de sexy et mettait en valeur mes épaules et mon cou, deux parties de mon corps que j'aime bien.

Bien que j'affectionne les belles voitures, j'apprécie tout autant la sobriété, ce qui fait que je n'étais pas tout à fait dans ma zone de confort à bord de ce bolide... Tout le monde se retournait sur notre passage! Edoardo, lui, était sur son X, comme on dit, je l'ai même vu saluer de la main des passants, tel un prince. Il était formidable à voir aller; fier, assumé et très conscient du stéréotype qu'il « véhiculait».

Je sentais que j'étais sur le point de succomber à sa beauté. Et croyez-moi, Edoardo n'en était pas dépourvu. Ses cheveux étaient si blonds que j'aurais juré qu'il les teignait (mais il m'a assurée que non), ses dents étaient belles et droites, il avait un nez avec du caractère, légèrement bosselé, des yeux verts, un teint de bord de mer et des lèvres dessinées pour embrasser.

Il m'a emmenée dans un restaurant du Milc-End, où nous avons partagé des calmars et une bouteille de bourgogne aligoté, et j'ai franchement passé une très belle soirée à ses côtés.

Les choses avaient le mérite d'être claires avec lui; aucun attachement n'était permis. Jamais il ne se marierait ni n'envisagerait la cohabitation, incapable de promettre fidélité, m'a-t-il expliqué. Nous étions sur la même longueur d'onde quant à nos intentions parce que, pour dire vrai, même si je le trouvais attirant et divertissant, il n'était pas vraiment mon type. Je préfère de loin les hommes discrets, ceux qui n'aiment pas attirer l'attention. Tout le contraire d'Edoardo.

Si j'avais eu un jour l'idée de créer un personnage de séducteur italien, jamais je n'aurais osé aller aussi loin dans les clichés, de peur qu'on ne m'accuse d'exagération. Mais cet homme existait, il était assis devant moi.

Draguer les femmes était sa principale occupation, et il ne s'en cachait pas. Ses proies étaient recrutées un peu partout : parfois sur la rue ou dans un bar, mais principalement au garage où il travaillait. Il m'a même dit avoir une excellente moyenne « au bâton » (pardonnez l'expression) : sur sept femmes qu'il abordait, au moins une se laissait tenter. Les bonnes semaines, il pouvait ajouter trois nouveaux numéros à ses contacts. Bien sûr, ajoutait-il, toutes n'avaient pas le privilège de passer un moment avec lui ; il aurait manqué de temps, surtout que, pratiquement chaque soir, il soupait chez sa mère qui habitait… en dessous de chez lui ! Ai-je mentionné qu'il avait quarante-quatre ans ? Et que sa *mamma* faisait encore son lavage ? Ça ne s'invente pas, ça.

Il m'a conduite chez moi un peu après vingt-deux heures et je l'ai invité à monter dans mon appartement. La courte visite des lieux s'est terminée dans ma chambre à coucher où nous avons tenté de faire quelque chose qui se rapprochait de l'amour. Mais nous n'y sommes pas arrivés ; rien n'était naturel dans ce rapprochement, à commencer par la vision que j'ai eue de son corps à demi nu ; à part sur des affiches de sous-vêtements, jamais de toute ma vie je n'avais vu un tel *achievement*! Edoardo avait deux Ferrari : une rouge et une autre couleur peau. Et les deux devaient nécessiter plusieurs heures d'entretien. Ce corps si parfait ne m'a pas excitée, au contraire, il m'a plutôt donné envie d'enfouir le mien sous les draps.

Après, nous avons bien essayé de jouer aux amants, mais rien n'y faisait, tous nos gestes étaient maladroits, tellement que nous avons été pris d'un long fou rire et que nous nous sommes rhabillés. À mon soulagement, et peut-être aussi au sien, il est parti peu de temps après.

« *I have to go,* la star. Tu m'appelleras.

— OK ! Bonne nuit, Edoardo. À plus. »

J'étais convaincue de ne jamais le revoir et, pourtant, nous sommes restés en contact pendant tout près de deux ans. Il est même venu à l'un de mes soupers d'anniversaire. Jamais nous n'avons tenté un autre rapprochement. Je demeure persuadée qu'il devait faire l'amour comme un dieu, mais j'ai choisi d'en faire mon ami, au grand dam de mon coiffeur qui rêvait, en vain, d'Edoardo depuis qu'il l'avait rencontré à ma fête.

David

Depuis l'enfance, je m'amuse à faire des calculs, sans intérêt et sans but précis. Par exemple, en marchant, je tente d'évaluer le nombre de pas ou le temps qui me sépare du point A au point B. Si je pars de chez moi pour me rendre à l'épicerie, je sais que j'aurai à faire neuf cent quatre-vingts pas. Je vais à la pharmacie : je mettrai trois cent soixante-six secondes. De la même façon, j'aime quand les lettres dans les mots d'une phrase totalisent un chiffre pair ; ainsi, pour mon cerveau, l'énoncé « Je mange des pommes » est une « équation parfaite » : seize lettres, le carré de quatre. Allez savoir pourquoi je fais ça ! Désordre ? Tic ? Fantaisie ? Je n'ai jamais investigué. Mais j'avoue avoir toujours trouvé cela un peu tordu, d'autant que je n'ai jamais eu de facilité en maths.

Je ne surprendrai donc personne en confiant que, de la même façon, je compte le temps que je perds à exécuter des corvées. Ce penchant, bien qu'il ne fasse pas la démonstration que je sois une personne équilibrée, m'apparaît quand même plus facile à expliquer ; je fais ça parce que je suis devenue consciente de la vitesse à laquelle ma vie se déroule, et j'ai le sentiment de ne pas avoir de temps à perdre.

Combien d'années de qualité me reste-t-il à vivre ? Vingt-cinq ? Trente peut-être ? Dans l'urgence de profiter au maximum de celles qui restent, je me surprends donc à chiffrer les instants que je dilapide à faire des choses qui ne me procurent aucun plaisir : vider le lave-vaisselle, nettoyer la salle de bains, laver le plancher… autant de minutes gaspillées. Une fois, j'en ai perdu près de deux cents dans la même semaine, l'équivalent d'un souper avec Edoardo, un argument qui, à lui seul, motivait l'embauche d'une femme de ménage.

J'en souhaite une à tout le monde. Une qui maîtrise l'art de faire les lits, si bien que vous avez l'impression d'être au Ritz quand vous entrez dans votre chambre, qui nettoie votre armoire à épices sans que vous l'ayez demandé et qui vous permet de n'ouvrir le placard à balais que lorsque vous cassez un verre. Une Francine.

Bien sûr, comme toute bonne technicienne en entretien domiciliaire, elle vient avec quelques petits travers. Elle n'affectionne pas, par exemple, les produits biodégradables, parce que, dit-elle, «ça nettoie moins bien, pis ça sent rien». Francine, elle aime l'odeur du Lestoil dans l'entrée et du Vim dans la salle de bains. J'ai réussi à lui faire accepter mon produit écologique tout usage au pamplemousse, mais j'ai malheureusement perdu la bataille contre la bouteille de Vim en crème.

Elle a aussi l'habitude de déplacer des objets dans mon appartement. Depuis le jour un, chaque fois qu'elle vient, elle prend le petit cadre sur la table de chevet et le met sur la commode, le banc dans l'entrée subit le même sort et se retrouve systématiquement à droite plutôt qu'à gauche... Rien de bien méchant, elle doit trouver ça plus joli ou plus pratique ainsi.

Moi, chaque fois qu'elle part, je fais le tour de la maison et je remets chacun des objets qu'elle a bougés à leur place d'origine. Nous nous livrons une guerre psychologique par bibelots interposés... et je ne vais pas la laisser gagner!

Si je me fie aux discussions que j'ai eues avec mes amies sur le sujet, ces petits écarts de conduite semblent être la norme dans le milieu de l'entretien ménager. Mais on pardonne facilement à notre femme de ménage, car lorsqu'on a goûté au plaisir d'en avoir une, il nous est impossible d'imaginer notre vie sans elle.

Bien sûr, l'aspect financier n'est pas à négliger lorsqu'on fait le choix d'avoir de l'aide pour les travaux domestiques. Il faut apprendre à faire le deuil de quelques petits luxes, comme des sorties au spa ou des crèmes pour le contour des yeux au prix exorbitant. Je mens. Je n'ai fait aucun compromis depuis l'embauche de Francine, mais je sais que j'aurais dû, ne serait-ce que pour équilibrer mon budget. Je mens encore. Je n'ai jamais fait de budget. Je n'ai aucune espèce d'allure pour ce qui est de l'argent, je suis une dilapidatrice insouciante. J'ai des fonds dans mon compte en banque ; je dépense. J'en ai moins ; je dépense moins. C'est tout. Je suis probablement la seule personne à éprouver de l'empathie pour les politiciens lorsqu'ils parlent de déficit budgétaire.

Je jure avoir essayé de me corriger, mais je n'y arrive pas. Dans mon monde, tout est payé à la dernière minute, les contraventions de stationnement s'accumulent et mon rapport d'impôt est remis à la date limite. S'occuper de mes finances exige un haut niveau de « zénitude ». C'est pourquoi je rends hommage à mon comptable.

Je ne suis pas non plus sans savoir que la vie à deux, avec moi, pourrait provoquer des crises d'angoisse chez un homme un tant soit peu organisé, c'est pourquoi j'ai pris un jour la décision de ne jamais être en couple avec un planificateur financier; je pourrais le rendre cinglé sans aucun effort.

Ce détachement face à l'argent, bien qu'il implique quelques désagréments, est à l'origine de ce que je considère comme ma plus grande qualité : la générosité. Je ne compte jamais, encore moins quand vient le temps de donner. Je tiens ça de ma mère. Elle avait le cœur plus grand que sa marge de crédit. Mon père m'a confié récemment qu'après son décès il avait découvert qu'elle détenait non pas une ni deux, mais quatre cartes de crédit! Quatre! Et chacune frôlait la limite du prêt accordé. Je crois qu'il a préféré ne pas s'attarder aux détails des transactions qu'elle avait effectuées les mois précédant son départ, mais je sais qu'il sait, comme moi, que l'essentiel de ses achats étaient destinés aux gens qu'elle aimait. Ma maman disait «je t'aime» aux siens avec des humidificateurs, des draps et des boîtes de biscuits de chez Costco. Elle nous tricotait une vie plus douce avec ses cartes.

Je parlais du temps. Celui que j'ai épargné en engageant une femme de ménage, mais aussi celui qui se faisait plus court devant que derrière. Je trouvais qu'il jouait contre mon cœur, le temps, si bien qu'il m'arrivait de me dire qu'il me faudrait commencer à envisager l'idée de vieillir seule, ce que je ne souhaitais pas. Le fait d'avoir célébré mon quarante-neuvième anniversaire n'était pas étranger à ce moment d'abattement. Il faut dire que je m'étais mise dans la tête de trouver l'amour avant d'atteindre le cinquante maudit. J'appréhendais ce chiffre, convaincue qu'au lendemain de mon demi-siècle le regard des hommes sur moi allait changer. Comme trop de femmes, je suis lamentable d'intransigeance envers moi-même.

Les mâles sont mieux faits. Qu'il soit question de voitures, de décoration ou de femmes, leur regard ira se poser sur l'objet de leur désir. Ils voient d'abord ce qu'ils trouvent beau : un tableau de bord, un La-Z-Boy, un sein. Le plus souvent, ils n'auront même pas remarqué ce ventre qu'on souhaiterait plat, cette cicatrice gênante ou cet œil qui louche un peu. La plupart du temps, c'est nous, dans notre inconfort, qui les en informons.

J'aimerais avoir les yeux d'un homme quand je m'observe, je suis convaincue que je ferais preuve de plus d'indulgence à mon égard.

Je n'avais pas eu de nouvelles de l'agence de rencontres depuis près de quatre mois quand j'ai reçu l'appel de Noémie. *Tiens ! Une nouvelle ! Une autre jeunesse qui ne doit pas connaître grand-chose aux relations humaines,* ai-je supposé.

Le candidat qu'on souhaitait me présenter cette fois s'appelait David (joli prénom...). Cinquante-quatre ans, père d'un garçon de seize ans, entrepreneur prospère, habitant la Rive-Nord de Montréal (comprendre Laval...).

Jovial, sociable, drôle et fier, il appréciait les voyages. Nous avions d'ailleurs en commun d'aimer les grandes villes, m'a dit Noémie. Tout comme moi, David avait un faible pour New York et s'y rendait deux ou trois fois par année. Fan de comédies musicales et de théâtre, il avait aussi un goût marqué pour la gastronomie.

Ben v'là mon homme !, ai-je songé.

«Vous acceptez de le rencontrer?» m'a demandé la novice.

Surtout, ne rien précipiter, parce qu'il n'y avait pas place à l'erreur. Si je comptais bien, David était le quatrième homme que l'on me proposait à l'agence. Il y avait eu Denis, ensuite René et puis Martin. Si je consentais à un rendez-vous avec celui-là, il pourrait être l'avant-dernier... Au bout du fil, Noémie attendait ma réponse. J'ai réfléchi longtemps... Vingt, peut-être même trente secondes... Et devinez quoi. J'ai répondu oui !

Je ne suis pas née de la dernière pluie. Je sais bien qu'on nous exhibe les clients sous leur meilleur jour. Il serait mal vu (surtout au prix demandé) qu'on me contacte pour me proposer un homme ennuyant, avare et négligé. À ma défense, je ne connais aucune femme célibataire de quarante-neuf ans, équilibrée, qui aurait eu le toupet de refuser une rencontre avec David après avoir entendu la description de Noémie.

Le traditionnel courriel est arrivé dans l'heure :

Bonjour Marie-Élaine,

Voici les coordonnées de David: 450-###-####

Il vous contactera sous peu. Bonne rencontre avec David et tenez-nous au courant !

Cordialement,

Noémie

Il m'a appelée le lendemain en début de soirée. Nous avons parlé une bonne vingtaine de minutes,

de notre métier, de nos enfants, de voyages...
David était vraiment sympa et sa voix, franche-
ment agréable: basse et calme. Note: huit sur dix.
(Il a perdu deux points parce qu'il roulait ses « r ».)

Il m'a demandé si j'avais une préférence pour le
lieu et le moment du rendez-vous. J'ai suggéré le
Pullman, avenue du Parc. Il s'agit, à mon avis, du
plus beau bar à vins de toute l'île de Montréal:
l'endroit est chic, la bouffe est bonne, le personnel
gentil et, ô bonheur, la clientèle a l'âge de pouvoir
s'acheter des REER! Suis fatiguée des endroits où
j'ai l'air de chercher ma fille!

Je ne me sentais pas à mon meilleur le jeudi
de notre première rencontre. Mes cheveux étaient
crépus à cause de l'humidité, l'ensemble de mon
visage portait les marques d'un cruel manque de
sommeil et j'avais mes règles. Le gars avait intérêt
à être fin!

Je me rendais là sans y croire vraiment. Légèrement désabusée, je n'avais plus l'excitation et le
plaisir des débuts à l'idée que j'allais peut-être
trouver l'amour. Je me suis préparée avec un petit
manque de rigueur, négligeant le peu de sex-appeal
qu'il me restait ce jour-là. Veston gris, pantalon
noir et... chemisier blanc (oui, encore!)

Avant de quitter la maison pour aller rejoindre David, à la recherche d'un peu de réconfort, j'ai avalé trois cuillerées à soupe de caramel.

La première chose qui m'a frappée en le voyant, c'est son surplus de poids. Je ne dirais pas qu'il était obèse, mais son ventre était franchement volumineux, assez pour qu'un cardiologue ait envie de lui faire passer le test du tapis roulant… Pas que la chose m'ait gênée ou rebutée, j'étais perplexe à la vue de ce monticule parce que je me souvenais très bien avoir lu dans les documents de l'agence qu'une personne en surpoids ne pourrait être considérée comme un « client potentiel ». La dame que j'avais rencontrée me l'avait aussi clairement signifié :

« Il n'y a pas de demande pour les femmes bien en chair. »

J'en ai déduit, avec dégoût, que cette règle ne valait que pour les femmes. Une constatation qui venait renforcer mon soupçon selon lequel les hommes ayant du *cash* étaient rois et maîtres dans cette agence. Ma main au feu qu'une femme avec un physique semblable à celui de David n'aurait même pas dépassé la réception de leurs bureaux !

Jovial, elle avait dit, la petite ? Le terme était faible. « Content en crisse » aurait été plus approprié. David souriait à tout le monde, ramassait la serviette que la cliente de la table d'à côté avait laissée tomber et se mettait à jaser avec le mari de cette dernière à qui il offrirait plus tard un digestif, prenait des nouvelles de chacun des employés du bar qu'il croisait, même s'il ne les connaissait aucunement... Le plus jovial des joviaux aurait eu l'attrait d'une mouche s'il avait été dans la même salle que lui.

Plein d'attentions aussi à mon endroit : nous avons décidé ensemble des plats que nous souhaitions manger et il a insisté pour que je choisisse le vin. Cela peut paraître anodin, mais j'ai rencontré peu d'hommes qui se donnent cette peine. J'en ai même vu un commander pour moi un filet mignon sauce au poivre sans m'avoir demandé si j'aimais ça. Il tenait absolument à me faire découvrir son plat préféré : « Le meilleur steak que t'auras jamais goûté », m'avait-il dit. J'en ai mangé deux ou trois onces du bout des lèvres sur les douze que comptait la pièce de bœuf. J'aime pas ça, moi, la sauce au poivre !

Ils sont peu aussi à avoir l'élégance de laisser la dame s'asseoir d'abord ou celle de prendre son manteau. David avait cette élégance. Ça me plaît quand les hommes font ces petits gestes, et plus je vieillis, plus je l'apprécie.

Il n'était pas tout à fait le type d'homme vers qui mon regard se serait tourné. Ce sont plus ses épaules en bouteille et ses bras frêles que son ventre rebondi qui m'auraient refroidie. Je suis bien consciente que mon anatomie a tout plein de défis à relever, c'est pourquoi je fais preuve de beaucoup d'indulgence à l'endroit des hommes que je fréquente. De toute façon, plus leur corps frôle la perfection, moins je suis à l'aise de dévoiler le mien. J'en ai fait l'expérience avec Edoardo… Mais sur certaines parties du corps, je ne fais guère de compromis. Dans les bras forts d'un homme, je me sens petite et à l'abri. Les siens manquaient de puissance.

Il se dégageait par contre de l'ensemble de sa bouille quelque chose de réconfortant, de la douceur et de la tendresse. Sa beauté était là : dans ses sourires, sa générosité, sa bienveillance. Il y a quand même du bon à prendre de l'âge ; plus jeune, je n'aurais pu faire cette lecture, je m'en serais tenue au portrait global. Aujourd'hui, j'arrive à voir la beauté autrement.

David a tout fait parfaitement au restaurant. Après, il m'a un peu étourdie.

En sortant, il m'a offert un *lift*. J'ai accepté.

Une fois dans la voiture, il m'a demandé :

« T'as envie d'aller prrrendre un verrre quelque parrrt ?

— Merci, une autre fois peut-être. J'ai quelques courses à faire : épicerie, pharmacie... et je ne veux pas rentrer tard, je me lève à quatre heures demain matin pour aller travailler.

— Je peux aller avec toi ?

— Où ça ?

— Fairrre tes courrrses ! »

J'avoue avoir été quelque peu surprise par sa proposition :

« Euh... je sais pas trop. Ça risque d'être ennuyant pour toi.

— Ben non. Ça me ferrrait plaisirrr, j'ai le goût qu'on passe encorrre un peu de temps ensemble. »

Il ne voulait pas que le moment s'arrête. Je lui aurais dit qu'il fallait que j'aille au salon funéraire ou à l'urgence qu'il m'aurait proposé de m'accompagner. J'avoue avoir été à la fois touchée par son honnêteté et mal à l'aise à propos de sa demande. Pour moi, aller au IGA avec un gars, c'est faire un *statement*. C'est dire au boucher que je croise toute seule chaque semaine depuis cinq ans : « Bonjour, monsieur. Je vous présente mon nouveau *chum* et je vais vous prendre une livre de veau haché. »

Cela va peut-être paraître absurde, mais je trouve qu'il y a quelque chose d'intime dans le fait de faire son marché, et je n'avais aucune envie qu'un homme, que je connaissais depuis trois heures à peine, voie ce que je mettais dans mon panier. Mon amie Johane m'aurait dit que j'étais en train d'attraper des manies de vieille fille…

Toujours est-il que j'aurais préféré qu'il ne me propose pas de venir avec moi. Mais évidemment, j'ai été incapable de lui dire non.

Parce que j'y étais moins connue, j'ai opté pour une épicerie fine de la rue Laurier plutôt que pour mon supermarché habituel. En entrant, David m'a demandé :

« Tu as besoin de quoi ?

— Pas grand-chose : du pain, du lait, de la laitue et du jambon.

— OK. Je m'occupe du jambon !

— Merci, c'est gentil. On se rejoint à la caisse.

— Quelle sorrrte, le jambon ?

— Blanc. Tranché mince, s'il te plaît. »

Je l'ai ensuite vu se diriger, tout joyeux, vers le comptoir des charcuteries. Quand je suis arrivée à la caisse cinq minutes plus tard, il m'attendait avec, dans la main, le sac de jambon et, sur son visage, un large sourire.

«J'ai déjà payé.

— Merci. C'est très délicat de ta part... Mais t'en as acheté combien, David?»

Le paquet avait l'épaisseur du premier tome du *Seigneur des anneaux*. Et je me dois de spécifier que le jambon blanc coûte trente-cinq dollars le kilo dans cette épicerie!

«Je savais pas combien tu en voulais. Quand la dame m'a demandé, j'ai dit sans rrréfléchirrr: deux livrrres. C'est trrrop, hein?»

Il m'a tendu le sac et j'ai vu sur l'étiquette qu'il y en avait pour... vingt-huit dollars!

«Il y en a effectivement beaucoup! Je tiens à te rembourser, David.

— Non, je ne veux pas. Ça me fait plaisirrr.

— Eh bien, merci. Comme premier cadeau, on peut dire que c'est original!»

J'ai réglé mes achats et ai quitté les lieux avec, sous le bras, mon kilo de fesse de cochon. Mon intention quand je suis entrée dans le magasin était d'acheter de quoi me faire un sandwich pour mon lunch du lendemain. J'avais maintenant assez de viande pour nourrir la ligne offensive des Alouettes !

Une fois dehors, avant qu'il me demande s'il pouvait m'accompagner à la pharmacie, je me suis dépêchée de lui dire :

« Je vais rentrer à pied. Merci pour tout, David, j'ai passé un agréable moment. »

Il a eu l'air un peu dérouté. J'avais peut-être été un peu raide !

« Euhh… Bon. OK. Mais si ça te tente, j'aimerrrais bien qu'on se rrrevoie…

— On se donne des nouvelles », ai-je dit vaguement en l'embrassant sur les joues.

J'aurais dû arrêter ça là et lui faire part de mon manque d'intérêt à poursuivre l'aventure quand il m'a appelée le lendemain afin de m'inviter à un spectacle du Cirque du Soleil. Mais je ne l'ai pas fait. D'abord parce que je me disais que je finirais peut-être par avoir des sentiments pour lui ; il était si gentil ! Et parce que je ne voulais pas le décevoir… Je jure ici qu'il s'agissait plus d'une forme d'empathie que de prétention. Il m'avait paru si emballé la

David

veille, comment allais-je trouver les mots pour lui
dire que je ne souhaitais pas le revoir ? Je n'en ai
pas eu la force.

Il faisait magnifiquement beau le samedi suivant
et David m'avait invitée à prendre un verre et
quelques bouchées chez lui avant d'aller au spectacle. J'ai commis trois erreurs ce soir-là. La première, celle de jouer la coquette en portant une
jolie robe rouge à pois blancs. Même moi qui ai
l'habitude d'être impitoyable envers ma propre
personne, je me trouvais belle quand j'ai quitté la
maison pour aller le rejoindre. Il a (avec raison) dû
croire que je voulais lui plaire. La seconde : aller
sur son territoire. J'aurais préféré ne pas voir sa
collection de clowns en porcelaine dans le vaisselier
de la salle à manger et les deux oursons en peluche
sur son lit. Ma dernière faute aura été de laisser
ma voiture dans son entrée, m'obligeant ainsi à
y retourner après le spectacle. C'est d'ailleurs à cet
endroit, c'est-à-dire dans son parking, que notre
idylle a pris fin.

Je venais de le remercier pour la soirée qu'il
m'avait offerte et il s'est approché de moi avec
le souhait non dissimulé de m'embrasser. Avant
même de réaliser ce qui était en train de se passer,
j'ai senti tout mon corps basculer vers l'arrière, à

tel point que je me suis fait un bleu sur l'omoplate avec la poignée de porte de sa BMW. Pour tout dire, je n'avais aucune envie d'un rapprochement. Il a reculé aussi vite qu'il s'était avancé et m'a dit sèchement :

« Ça va. J'ai comprrris.

— Je suis vraiment désolée.

— Tu n'as pas à êtrrre désolée, Marrrie-Élaine. Je ne peux pas t'obliger à éprrrouver quelque chose pour moi. »

Avant de monter dans ma voiture, je lui ai dit à nouveau que j'étais navrée de la tournure des événements, il m'a gentiment (ou ironiquement) souhaité bonne chance avec les prochains candidats.

Après David, il s'est passé quelque chose. Le cafard qui suivait chacun de mes insuccès amoureux ne s'est pas manifesté. Les autres fois, après ces rendez-vous ratés, je mettais ma démarche en doute, je me demandais s'il n'aurait pas mieux valu vivre aux côtés d'un homme doux et gentil dont je n'aurais pas été pas amoureuse, plutôt que d'avoir à faire face à l'éventualité de vieillir seule. Les autres fois, je me demandais si un autre homme allait me désirer. En rentrant à la maison, je m'habillais en mou. Je vidais la moitié d'un pot de caramel, préalablement chauffé au micro-ondes, directement dans le contenant de crème glacée Coaticook à la vanille, et je mangeais à même le pot en regardant des séries télé. Les autres fois, j'avais les blues. Pas cette fois. J'ai plutôt ressenti un soulagement que cette nouvelle aventure soit terminée.

Une fois chez moi, j'ai trouvé mon appartement chouette et ma face pas trop moche quand je me suis regardée dans le miroir de l'entrée. J'ai mis un disque de Bob Dylan et fumé la moitié d'un joint sur mon balcon. C'est quoi le mot qui décrit le bonheur d'être seul(e)? Certainement pas solitude. Celui-là a une connotation négative, ses synonymes sont l'isolement, la retraite et le désert. Je ne pense pas que la solitude puisse s'apprivoiser comme on entend souvent le dire. La solitude nous est imposée par la perte et l'absence. Ce qui s'apprivoise, c'est le fait de vivre sans. J'ai compris ce soir-là que j'avais réussi. J'étais heureuse et libre. En bonne santé, avec un travail valorisant, un joli appartement que j'arrivais à payer toute seule, plein d'amis et une fille que j'aime plus que tout! Si être vieille fille ressemblait à ça, je voulais bien être fêtée le vingt-cinq novembre.

Le lendemain, par contre, comme chaque fois, il fallait annoncer à l'entourage le nouvel échec et l'entendre me dire :

« Pas grave, mom. (Laurence)

— Cherche pas, Maria, tu trouveras *never* mieux que moé. (Edoardo)

— C'était pas un gars pour toi, Marie. Je l'sentais pas. (Isabelle, qui n'avait par ailleurs jamais rencontré David !)

— Ne te remets pas en question, mon amie, tu as bien fait de ne pas étirer ça. Le bon s'en vient, j'en suis certaine. (Johane) »

« Le bon » ! Je ne vous dis pas le nombre de fois où on m'a répété que ce n'était tout simplement pas « le bon ». Que « le bon » allait bientôt se présenter. Quelqu'un peut me dire de quoi y'a l'air, « le bon » ? Y reste dans quel coin ? D'un coup y passe à côté d'moi pis qu'j'le vois pas, « le bon » ?

Les hommes célibataires se faisaient rares.

Avec l'intention de m'exiler s'il le fallait, je me suis demandé s'il existait un endroit dans le monde où il y avait un équilibre entre le nombre de femmes et d'hommes de plus de quarante ans à la recherche de l'âme sœur. Parce que, chez nous, force est d'admettre que les filles ne sont pas choyées! On a presque autant de chances au Québec de croiser un panda dans le parc des Laurentides qu'un homme de quarante-huit ans qui veut se *matcher*!

Quand un couple hétérosexuel se sépare, y a toujours bien deux personnes qui se retrouvent seules, non? Où va le gars? Mystère. Qui ne s'explique pas par la proportion d'hommes et de femmes dans la population. Les statistiques démontrent que nous sommes pratiquement à égalité.

Bien sûr, il y en a quelques-uns qui s'amourachent de filles plus jeunes, mais le phénomène n'est pas suffisamment répandu pour expliquer leur quasi absence du décor.

Il s'agit pour moi d'une véritable énigme démographique.

J'ai déjà vu la publicité d'un site de rencontres qui se targuait d'offrir à sa clientèle dans la quarantaine un ratio équilibré de cinquante-huit pour cent de femmes et quarante-deux pour cent d'hommes. Je ne suis pas calée en mathématiques, mais j'arrive tout de même à discerner ici un écart considérable de seize pour cent! On repassera pour l'équilibre...

Un jour, j'ai aussi rencontré un gars à qui une agence privée avait offert une adhésion sans frais parce qu'il n'y avait pas suffisamment d'hommes pour répondre à la demande de sa clientèle féminine. Comprendre ici que, pendant que les employés de l'agence s'évertuaient à trouver des mecs seuls prêts à se livrer au jeu gratuitement, les femmes elles, pleines d'espoir, payaient plus de mille dollars leur inscription sans se douter que la banque d'hommes de l'agence était à ce point limitée.

Ceux qu'on pourrait qualifier d'intéressants ne restent pas sur le marché bien longtemps. Une collègue de travail t'appelle un mercredi soir pour t'annoncer que le meilleur ami de son mari est célibataire depuis cinq jours :

« Tu te souviens du gars dont je t'avais parlé ? François, l'ami de Pierre, celui dont le couple allait mal ?

— Oui.

— Il est disponible ! Il a quitté sa blonde ! C'est un gars pour toi, il est beau, drôle, indépendant, épicurien… En plein ton genre !

— Bon. Tu crois qu'il aurait envie de me rencontrer ? C'est peut-être trop tôt ? Sa séparation est récente quand même !

— Je demande à mon *chum* de lui parler et je te donne des nouvelles. À plus. »

Le temps de me faire couler un bain et de regarder un épisode de *Downton Abbey*, le téléphone sonne à nouveau :

« Oublie ça. Il est en couple.

— Comment, il est en couple ? Il est célibataire depuis vendredi !

— Il a dit à Pierre qu'il avait rencontré une fille samedi soir, l'amie d'un gars avec qui il joue au hockey ! »

Anecdotique ? Je ne crois pas. Après une rupture, bien des hommes se remettent en couple à une vitesse foudroyante. Tellement que je ne serais pas surprise d'apprendre qu'il existe au Québec un Front de Femmes Chasseuses d'Hommes. Ces sournoises échangent des informations sur les hommes dont la vie conjugale bat de l'aile. Je ne sais comment elles font, mais elles sont informées sur le jour exact où le mâle quitte le nid conjugal et sur le moment où il fait sa première sortie publique en célibataire. Ce soir là, l'une d'entre elles, vêtue de ses plus beaux atours, se présente à l'endroit précis où se trouve monsieur et roucoule autour de la proie. Avant même qu'il n'ait eu le temps de défaire ses boîtes dans son nouvel appartement, le gars a une blonde toute neuve, membre du FFCH.

À l'agence, il ne me restait qu'un homme en banque. Devant cet état de fait, j'ai cru bon de faire le point avec l'employée responsable de mon dossier. Elle m'a reçue à son bureau.

«Bonjour, madame Proulx. Je suis Noémie. Ça me fait plaisir de vous rencontrer.

— Bonjour, Noémie. Enchantée.»

Comme je l'avais pressenti, Noémie n'était pas vieille, tout juste l'âge de boire une bière aux États-Unis. Pas vieille, mais pas verte! Elle savait comment réconforter une vieille célibataire qui avait payé cher pour rencontrer l'homme de sa vie et qui passait encore ses samedis soir toute seule!

«Je vous comprends, madame Proulx, mais pour tous les hommes que nous vous avons présentés, c'est vous qui avez fait le choix de ne pas poursuivre.

— Je sais. Ce n'est pas que les candidats que j'ai rencontrés étaient inintéressants, mais aucun ne m'a séduite.

— On n'a aucun contrôle là-dessus, madame Proulx. Nous avons un bon taux de réussite. D'ailleurs, sur les quatre qui vous ont été présentés, trois sont en couple aujourd'hui. »

Ouch! Elle venait de scier madame Proulx en deux! Tellement que je n'ai pas eu le courage de lui parler du petit souci de poids de David. Je lui ai tout de même mentionné qu'il n'y avait rien de pressant, que je préférais qu'elle prenne son temps pour le cinquième candidat et qu'elle me contacte uniquement quand celui qui serait « le bon », selon elle, se présenterait.

Louis
(LA RECHUTE)

J'étais arrêtée à un feu rouge quand sa voiture est passée à côté de la mienne. Nos regards se sont croisés. Ça a duré deux secondes, pas plus. Mais c'était suffisant pour foutre en l'air presque deux ans de désintox!

Je n'avais pas tourné le coin de la rue qu'un message texte entrait sur mon téléphone. Je savais que c'était lui :

Pas mal cute les cheveux frisés.

Mon cœur s'emballait plus que le moteur de mon auto. Je n'aurais pas dû lui répondre, mais je n'ai pu m'y résoudre :

Merci. Je ne te retourne pas le compliment.
(Il a les cheveux raides comme de la broche…)

Trois heures plus tard, après qu'on eut échangé quelques textos, il était chez moi. Nous avons fait ce que je pourrais difficilement appeler l'amour (parce qu'il ne m'en a pas donné), à demi habillés sur le sofa du salon. Vingt minutes plus tard, il remettait ses chaussettes et boutonnait sa chemise, prêt à partir.

Je venais d'être sa maîtresse! C'était la claque dont j'avais besoin.

J'avais imaginé quoi? Qu'avec le temps il aurait réalisé que je lui manquais? Qu'il me dirait «reviens, s'il te plaît»? Qu'il voudrait me faire une petite place dans sa vie? Réveille, Marie!

Quand il est reparti, encore un peu sous le choc, je n'ai pas mesuré le service qu'il venait de me rendre. C'est ce jour-là que j'ai statué que je ne voulais plus de lui dans ma vie.

Jean-Claude

J'ai toujours aimé le golf, mais j'ai attendu l'été de mes quarante-neuf ans pour m'y mettre. J'ai grandi avec deux mâles golfeurs (père et frère), et notre maison était à moins d'un kilomètre d'un dix-huit trous. Dans ces années-là, le golf était pratiqué essentiellement par les hommes et il ne serait pas venu à l'idée de mes parents de me laisser jouer, mais j'aurais aimé. J'étais fascinée par l'immensité des terrains et je rêvais de pouvoir conduire un jour l'une de ces petites voitures. C'est beaucoup plus tard que j'ai découvert le plaisir d'avoir entre les mains un bois de départ, un fer six et un volant de voiturette. Je ne me doutais pas, quand j'ai commencé à prendre des cours, que j'allais devenir accro à ce point. Aujourd'hui, deux ans plus tard, j'attends avec impatience la disparition de la neige pour jouer ma première partie et je range mes bâtons lorsqu'elle réapparaît en décembre.

Je fais savoir à celles que cela pourrait intéresser qu'un champ de pratique de golf est un terreau fertile en hommes et que la présence de femmes s'y fait plutôt rare. Presque chaque fois que je m'y suis rendue, un gentil monsieur est venu me donner ses conseils de pro. Il y en a même un une fois qui, après un échange d'à peine quinze minutes, m'a invitée à aller jouer en Floride avec lui :

« J'ai un condo à West Palm Beach. Tu viens avec moi ? Je prends l'avion samedi.

— Ben voyons...

— Je ne plaisante pas ! Allez, je t'invite. On revient dans quatre jours. »

Il était sérieux ! Intéressé par la finesse de mon jeu ? J'en doute fort. La plupart des balles que je frappais étaient honteuses tellement leur trajectoire laissait à désirer. Non, je crois plutôt que mon « nouvel ami » était plus un adepte du tournoi des maîtresses que de celui des maîtres. J'aurais d'ailleurs parié qu'il était en couple. C'est la serviette d'un blanc immaculé et le petit porte-bonheur doré, tous deux attachés à son sac, qui m'ont fait douter. Ça sentait la touche féminine.

De toute façon, qu'il ait été marié ou pas, je ne l'aurais pas suivi.

Aux filles en quête d'amour à qui j'aurais pu donner l'envie de se mettre au golf, je ferais néanmoins la mise en garde suivante : privilégiez les joueurs gauchers. Ceux qui jouent à droite portent le gant à la main gauche, ce qui leur permet de dissimuler aisément la bague nuptiale.

Ils n'ont qu'à enlever leur bague et personne ne saura qu'ils sont mariés, j'entends dire. Pas si simple.

Peu d'hommes prennent ce risque. Imaginons un instant que monsieur oublie de remettre l'anneau à son doigt, ou pire… le perde. Moi, je vois un drame se dessiner : une femme mariée qui remarque que son homme revient à la maison après une journée de golf sans son anneau de mariage risque fort de devenir suspicieuse et de faire la vie dure à son Arnold Palmer.

Cette constatation ne m'a malheureusement pas mise à l'abri de l'adultère avec le genre gaucher. J'en ai connu un qui ne se gênait pas.

C'est donc sur un terrain de pratique de golf, deux mois après avoir revu Louis, que j'ai fait la rencontre de Jean-Claude. J'étais déjà à l'œuvre quand il est venu s'installer dans l'espace tout juste devant moi. Comme il me faisait dos, j'ai pu jeter quelques brefs coups d'œil sur l'homme qui avait choisi de poser son panier de balles à deux mètres de ma personne alors que l'aire de jeu était quasiment vide. Il m'a paru bel homme : plutôt grand, bien proportionné, cheveux châtains légèrement ondulés, épaules et dos forts, jambes de cycliste. Vu de derrière, le portrait était joli. Mais tout n'était pas parfait, à commencer par ses vêtements qui étaient débraillés (t-shirt troué et bermudas d'armée défraîchis). Une faute vestimentaire que je lui ai pardonné, me disant qu'il avait peut-être emprunté les haillons de son fils... J'ai été cependant plus intransigeante quant à son élan de golf : lamentable. Je me savais bien mal placée pour le critiquer, moi qui ne pratiquais ce sport que depuis quelques mois, mais j'aurais aimé qu'il traverse la ligne des deux cents verges... Je n'y peux rien, je trouve ça sexy, un homme qui *swing* bien !

Après que j'eus frappé toutes mes balles et alors que je rangeais mes bâtons, son corps a fait un cent quatre-vingts degrés.

« Et puis ? La pratique a été bonne ?

— Euh... Pas trop en fait... Mais je persévère », ai-je répondu.

Je pouvais enfin le voir de face. J'ai noté que, si l'arrière ne manquait pas de masculinité, le devant, lui, avait une virilité douteuse : traits fins, peau lisse, yeux bleus, bouche rose. On aurait dit que son visage avait été épargné de tout : des coups, des chutes, de la souffrance, de la vieillesse. Il était beau, à n'en point douter. Mais je trouvais sa beauté presque trop tendre, pas assez virile. J'ai évalué qu'il devait avoir au plus quarante ans et lui ai attribué une note de sept sur dix pour la voix.

« Il faudrait que je m'achète de nouveaux bâtons, ceux-là doivent dater de la Deuxième Guerre ! »

Je n'ai pas su quoi répliquer. Évidemment, j'avais remarqué son équipement *vintage*. Ça, jumelé au fait qu'il cognait la balle avec la grâce d'une faucheuse à foin, m'a fait me questionner sur les raisons qui l'amenaient sur un terrain de golf. Il était probable que je me méprenne sur lui, mais j'ai songé que, si certaines femmes se rendent là afin de rencontrer un homme indépendant de fortune (parce que jouer au golf coûte cher et ceux qui y jouent ont la réputation d'avoir des sous), l'inverse est aussi possible.

« Je m'appelle Jean-Claude, m'a-t-il dit en me serrant la main.

— Allo. Moi, c'est Marie-Élaine.

— Enchanté. Tu joues depuis longtemps ?

— Non, c'est tout récent. Je suis des cours depuis environ deux mois.

— C'est un sport exigeant. La patience est de mise...»

Ensuite, il a frappé ou, devrais-je dire, «vargé» sur quelques balles, et au moment où je soulevais mon sac, prête à partir, il s'est de nouveau adressé à moi :

«Tu as déjà joué aux îles de Boucherville?

— Non.

— C'est un beau terrain. Ça te dirait qu'on y aille ensemble?

— ... (Sans mots et confuse.)»

L'invitation était venue après une discussion d'au plus deux minutes! Je devais trouver quelque chose à dire promptement; quelques secondes d'attente et il se serait questionné sur mon désir de l'accompagner. Le problème, c'est que je ne savais pas si j'en avais envie. La possibilité de passer cinq heures avec un inconnu qui pourrait se révéler ennuyeux ou déplaisant (ou les deux) me chicotait. En revanche, si je disais non, j'allais peut-être passer à côté de quelque chose... ou de quelqu'un! *Ouais. Je fais quoi? J'y vais? Je n'y vais pas?*

L'expression «branler dans le manche» et le verbe «tergiverser» ont tous deux été créés le quatorze avril mille neuf cent soixante-cinq, jour de ma naissance. Je ne sais jamais si je prends la bonne décision.

J'aurais pu me contenter d'une réponse vague et polie. Une qui ne ferme pas la porte, mais qui donne un peu de répit. Quelque chose dans le genre : « On pourrait bien, un de ces quatre… » ou encore : « Pourquoi pas ? Quand j'aurai pris un peu d'expérience ! » Mais ma crainte de décevoir ou d'être mal perçue m'a fait lui répondre : « Oui. »

Et je suis tellement bien élevée que j'ai ajouté : « Avec plaisir. »

Il a dit :

« Super ! (En continuant d'assassiner des balles.)

— Alors, on fait comment ? J'ai demandé. Tu veux que je t'envoie un message texte ? Comme ça, tu auras mon numéro. »

Je l'ai vaguement entendu me parler d'un problème de téléphone et ajouter presque en bégayant :

« Euh… Ce serait plus simple que… que tu me fasses parvenir un courriel. »

La suite s'est déroulée très vite. Il m'a donné son *e-mail*, je lui ai fait parvenir un court mot dans lequel figuraient mon nom et mon numéro de cellulaire, il m'a dit qu'il me donnerait des nouvelles. J'ai répondu OK, je l'ai salué et suis partie.

Trois semaines. C'est le temps qu'il a mis avant de se manifester. Un peu longuet.

Je me dois de spécifier ici que, bien qu'il n'y ait pas de règles établies quant au délai d'attente dans ce genre de situations, les hommes devraient être mis au fait que les femmes, elles, ont mis au point avec le temps une sorte de code de conduite en la matière. Il varie d'une fille à l'autre, mais il pourrait ressembler à ceci :

– Dans l'éventualité où monsieur n'a pas l'intention de donner suite à la rencontre, le mutisme est de mise ; le silence étant préférable à un message de non-intérêt.

– Dans le cas contraire, il est bien vu que le monsieur en question se manifeste dans les heures suivant l'échange afin de signifier à la demoiselle qu'il a passé un beau moment en sa compagnie et qu'il aimerait la revoir. Prévoir que la réponse à ce message n'arrivera que plusieurs heures plus tard, voire le lendemain. Et elle sera brève, un genre de : « Merci beaucoup, moi aussi. Bonne fin de journée. » Une fille à son affaire se montre toujours occupée et indépendante, alors que, dans les faits, elle dort avec son cellulaire dans l'attente que le gars écrive ou appelle.

– Bien que plus populaire chez les jeunes, la technique du mardi (aussi appelée «règle des trois jours») est parfois appliquée par la gent féminine. Elle consiste à attendre trois jours avant de manifester un intérêt ou d'accepter un deuxième rendez-vous. Ainsi, pour une première rencontre qui aurait eu lieu un samedi, la femme ferait languir sa conquête jusqu'au mardi. En plus de faire comprendre qu'elle est occupée et indépendante, madame démontre un certain détachement, alors qu'en réalité elle meurt d'envie de le revoir.

– Ce n'est pas parce qu'elle se donne le droit de mettre du temps à répondre au message de son soupirant que *miss* tolère l'attente lorsque c'est elle qui l'envoie. Après deux heures de négligence de la part de celui qui fait battre son cœur, elle se questionne. Après quatre : s'inquiète. Six : s'impatiente, et huit : songe à l'envoyer promener. C'est comme ça, une fille.

Pour en revenir à celui qui se disait «golfeur» et dont j'avais pratiquement oublié l'existence tellement il avait mis du temps à m'écrire, il ne pouvait me servir l'argument de l'emploi du temps trop chargé puisque j'apprenais quelques jours plus tard qu'il était au chômage depuis plusieurs mois. Dans son courriel donc, il me demandait si j'avais toujours envie de l'accompagner au golf des îles de Boucherville. Ce à quoi j'ai répondu oui.

Une fois fixées la journée et l'heure de notre rendez-vous, je lui ai écrit que ce serait bien s'il me transmettait son numéro de cellulaire, dans l'éventualité où nous aurions à nous parler. Dans un autre courriel figurait donc son numéro : 514 255-XXXX. Et j'ai compris pourquoi il avait bafouillé au champ de pratique trois semaines plus tôt, quand je lui avais demandé son numéro de cell : il n'en avait pas !

Je n'ai eu qu'à taper les chiffres sur « Canada 411 » pour constater qu'il s'agissait d'un numéro de téléphone résidentiel. Je confesse être une adepte de la « recherche inversée »... Ce qui est bien avec ce site-là, c'est qu'une fois qu'on a l'adresse de son interlocuteur, il ne nous reste qu'à effectuer une petite visite sur « Google Maps Street View » afin d'avoir un aperçu de son environnement. Que personne ne s'offusque ici ! Tout le monde a déjà fait ça, non ? Un coup d'œil rapide sur le quartier et la maison de quelqu'un qu'on ne connaît pas aide un peu à se faire une idée, quand même.

La vue de sa demeure et de sa rue sur l'écran de mon iPad m'a permis de déduire que la caméra de Google devait être en panne de couleurs le jour où elle est passée devant chez Jean-Claude. Un immeuble d'habitation dont les teintes s'agençaient avec celles de l'asphalte et de la chaîne de trottoir. Cinq étages de béton gris beige aux fenêtres trop petites et aux balcons absents. Ça sentait la fin de mois difficile.

La veille de notre ronde de golf, il m'a appelée afin de me donner quelques infos. À l'écouter, j'ai eu l'impression que je me rendais sur une base de l'armée canadienne :

« Tu dois d'abord entrer dans le parc national des Îles-de-Boucherville. Une fois que tu auras passé la guérite, tu suivras la route jusqu'au stationnement. Ensuite, tu devras passer par l'accueil avant d'embarquer sur le traversier qui t'amènera au chalet du golf. Je vais t'attendre là. »

Je me suis demandé pourquoi il ne m'avait pas offert de m'attendre à l'entrée du parc. Cela m'aurait simplifié la vie et je l'aurais trouvé galant. J'allais obtenir une explication le lendemain. Il n'a pas eu de chance, le pauvre Jean-Claude. Nous sommes arrivés en même temps dans le parking du terrain de golf et il s'est stationné tout juste à côté de ma voiture. Quand je l'ai vu sortir de ce qui lui servait de moyen de transport, j'ai compris pourquoi il m'avait suggéré que l'on se retrouve au chalet du terrain de golf plutôt que dans le stationnement : il ne souhaitait pas que j'aperçoive son auto. La dernière fois que j'avais vu une Pony de Hyundai d'aussi près, c'était en mille neuf cent quatre-vingt-neuf, je crois. Il s'agissait de la première voiture de Johane : une « trois portes » manuelle grise qui nous avait rendu bien des services dans ces années-là, alors que nous venions de terminer nos études. Tout de suite, il a senti le besoin d'en parler :

« Bonjour, Marie-Élaine.

— Allo, Jean-Claude.

— Ne regarde pas mon auto, elle est vieille ! Je n'accorde aucune importance aux voitures... »

C'est plate, mais moi oui, J-C...

J'ai un peu honte de l'admettre, mais je suis une fille de chars ! Cela m'a d'ailleurs déjà valu d'être punie quand j'étais jeune. J'étais allée faire un tour dans la Camaro bleu royal du frère de mon amie Renée qui habitait à trois maisons de chez nous. Paul avait trente ans, moi quatorze, et il était onze heures du soir ! Quand nous sommes revenus de notre inoffensive balade, mon père m'attendait devant la maison des Rhéaume. Ma sœur, inquiète et probablement très jalouse, l'avait informé de mon escapade. Avec ses sourcils fâchés, il avait hurlé :

« *Awoye* à' maison ! Ça presse ! »

La punition d'une semaine sans sortie, imposée par mes parents, ne m'a aucunement fait regretter mon écart de conduite. Je me souviens encore avec grand bonheur de l'odeur de cuirette neuve et de la chanson des Bee Gees qui jouait à tue-tête dans l'auto : *Too Much Heaven*.

J'admets apprécier les belles voitures, mais je ne suis pas snob au point de mettre à l'écart un candidat sous prétexte que je n'aime pas ce dans quoi il roule ! J'ai considéré cependant que, dans le cas présent, il y avait des limites à ce qu'une fille de chars pouvait tolérer. Il conduisait une Pony, cibole !

Notre sac de golf sur l'épaule, nous nous sommes éloignés de son tacot afin de nous diriger vers l'accueil. La dame au comptoir :

« Deux départs pour un dix-huit trous sans voiturette : ça va faire quatre-vingt-trois dollars, s'il vous plaît.

— Ça va être payé séparément», Jean-Claude a dit.

Je n'arrivais pas à croire ce que je venais d'entendre. Il m'invitait à jouer au golf et n'était pas foutu de payer pour moi...

«Ben ça va faire quarante et une et cinquante chacun», a rétorqué la madame.

Il ne lui restait plus beaucoup de points, le monsieur. Le vieux sac de golf, les vêtements d'ado (qui s'avéreraient être les siens, finalement, parce qu'il n'avait pas d'enfants), l'appartement triste, la voiture en décomposition et trop *cheap* pour m'offrir une partie! À partir de là, ma fille aurait dit qu'il était *dead*.

Je n'étais pas au bout de mes peines! Le reste de l'après-midi a été tout aussi pénible que le début. Au départ du trou numéro un, alors que je venais de rater ma première *drive*, je l'ai entendu dire en riant sournoisement:

«Ouin. J'ai l'impression que la *game* va être longue...»

J'ai pris une grande respiration avant de lui lancer:

«Tu commences bien mal la journée, Jean-Claude.

— Ah bon?... Parce que MADAME est susceptiiiiible...»

Pour décrire avec justesse le ton qu'il venait d'employer, je dirais qu'on était à mi-chemin entre le langage auquel on a recours pour communiquer avec un bébé et celui utilisé pour manifester son mépris.

C'est une chance pour lui qu'il ait été assez éloigné de moi à ce moment précis. J'avais peut-être loupé mon coup de départ, mais je jure que je ne l'aurais pas manqué, lui. Et un coup de *driver* dans le front, ça fait mal!

L'insoutenable garçon parlait constamment, et quand il ne parlait pas, il sifflait. Je suis légèrement intolérante au sifflement, particulièrement quand les gens sifflotent, comme lui, un air qui n'existe pas, un air inventé, comme une succession de sons aigus : des *fuit fuit fuit* et des *fiou fiou fiou* qui rendent fou. Je crois qu'il sifflait pour nous faire croire qu'il était heureux et que la vie était bonne.

Au cours de la journée, à l'une des femmes à qui nous avions été jumelés pour notre ronde de golf, il a demandé quelle profession elle exerçait.

«Chef comptable», a-t-elle répondu. Ce à quoi il a répliqué avec un culot gênant: «Ça doit être payant, cette job-là.»

Jean-Claude était non seulement insupportable, mais en plus, il était mal élevé. Un peu sur la défensive, la dame a rétorqué:

«Je m'accommode très bien de mon salaire. Toi, tu fais quoi?

— Je suis journaliste.

— Pour quelle publication?

— Ça dépend... En ce moment, je cherche du travail. L'an dernier, j'étais collaborateur au journal *L'Avenir de l'Est.*»

J-C était donc sans emploi! Eh bien, si l'Est avait un avenir, comme le prétendait son journal, je me permets de dire que lui en avait peu.

Pas pour moi, merci. Je suis trop vieille pour m'émouvoir devant un garçon mal compris qui essaie de donner un sens à sa vie et à sa carrière. Je ne demande pas que le gars soit un prospère entrepreneur, juste qu'il soit suffisamment auto-nome pour me suivre.

À mon grand soulagement, et probablement aussi au sien (parce qu'il devait, avec raison, me trouver extrêmement désagréable), il est parti après le neuvième trou, prétextant une sortie avec des amis. J'ai terminé ma partie en compagnie des deux autres filles du *foursome* qui avaient bien hâte de me demander quel lien j'avais avec cet homme.

«Aucun, leur ai-je dit. Vous avez assisté aujourd'hui à une première *date* qui s'est révélée un échec sur toute la ligne.»

Benoit

Si je suis plutôt réservée sur certains aspects de ma vie privée à la radio, mon célibat des dernières années n'a jamais été un secret pour les auditeurs. Il m'est arrivé au cours de cette période de recevoir des lettres ou des appels d'hommes me proposant d'aller prendre un café avec eux. Jamais je n'ai accepté. Par souci de l'éthique et par malaise ; je m'imaginais mal avoir à dire à quelqu'un qui m'écoutait chaque matin qu'il ne m'intéressait pas.

Benoit, un auditeur, s'y est pris autrement. Un matin de février, nous discutions en ondes de la hausse des demandes d'admission dans les agences de rencontres durant les jours précédant la Saint-Valentin. Dans les secondes qui ont suivi la fin de l'intervention, nous avons reçu en studio un message texte d'un directeur de l'une de ces agences qui confirmait l'information ; il signait B. J'ai demandé à notre recherchiste de le contacter et nous avons fait une courte entrevue avec lui. À la suite de celle-ci, il a écrit à nouveau afin de nous remercier pour l'entretien en ondes et de m'inviter à une soirée pour célibataires, le lendemain, dans un hôtel chic du centre-ville. Je l'ai remercié pour l'invitation, lui disant que j'allais y réfléchir et lui répondre plus tard dans la journée. Je n'avais aucune intention d'y aller, je voulais juste être polie. J'ai quitté la station de radio avec son numéro de cellulaire et j'ai attendu le milieu de l'après-midi pour lui écrire :

> Bonjour Benoit. Je te remercie pour la gentille proposition, mais je vais devoir décliner. Je ne suis pas vraiment à l'aise dans ce genre d'événements. Merci encore. Marie-Élaine.

> Bonjour Marie-Élaine. Je peux t'appeler ?

> Oui.

Mon cell a sonné dans l'instant.

« Bonjour, Benoit.

— Allo, Marie-Élaine. Écoute, je ne veux pas me faire insistant, mais je voulais te dire que ce serait l'fun que tu viennes, c'est un bel événement et tu seras mon invitée. Viens juste faire un tour, si tu n'es pas à l'aise, tu t'en iras. »

J'ai fini par accepter ; il avait raison, je n'avais rien à perdre.

« Super ! m'a-t-il dit. Ton nom sera sur la liste des invités. Tu n'as qu'à me demander à ton arrivée et j'irai te chercher.

— Parfait. Merci. À plus. »

En raccrochant, un peu sous le charme de sa voix (il avait presque obtenu neuf sur dix) et curieuse d'en savoir plus sur lui, j'ai « googlé » son nom et je suis tombée sur sa photo : cheveux bruns à peine grisonnants, yeux verts, beau sourire. Benoit avait une belle tête ! Ça me donnait au moins une raison d'y aller. J'ignorais s'il était célibataire ou non, mais son insistance quant à ma présence à son party me faisait croire que oui.

Je suis arrivée à l'hôtel à vingt et une heures, la soirée battait son plein depuis une heure. La jeune fille à l'entrée s'est assurée que mon nom figurait bien sur la liste des invités et m'a remis un badge sur lequel elle avait écrit (avec un gros stylo feutre noir) mon prénom : **MARIE-ÉLAINE**.

« Faut coller ça sur votre *top*, m'a-t-elle dit.

— Super ! Je me demandais justement quel accessoire porter avec mon chemisier de soie. Je n'avais pas pensé à l'étiquette. Ça va être superbe. »

J'ai laissé mon manteau au vestiaire et monté les marches. Une fois arrivée, j'ai signifié au massif *bouncer* que j'étais une invitée de Benoit et qu'il m'avait demandé de m'annoncer quand j'arriverais.

«Pas de problème, madame. Je vais aller lui dire que vous êtes là.»

Il s'est dirigé vers le bar et est revenu deux minutes plus tard.

«Ça devrait pas être très long.

— Pas de souci», ai-je répondu.

Tout en patientant, j'explorais l'antre du célibat. Il devait y avoir là-dedans tout près de deux cents personnes. À l'œil, j'estimais que les femmes y étaient largement majoritaires, dans une proportion de trois filles pour un gars, environ. J'étais la seule femme en pantalon, l'une des rares à ne pas avoir utilisé le fer plat pour lisser ses cheveux et l'unique fille en bottes d'équitation. Pas besoin de spécifier que je ne me sentais pas vraiment dans ma zone de confort, craignant en plus que des gens me reconnaissent et se disent :

T'as vu, c'est Marie-Élaine Proulx là-bas. Elle est courageuse de s'afficher. Pauv' elle, me semble ça fait longtemps qu'a cherche.

J'attendais Benoit depuis quinze minutes. Un peu à *boutte*, j'ai dit au colosse :

«Je m'excuse, Dave (j'ai su son prénom parce que lui aussi portait le joli autocollant qu'on remettait à l'entrée), vous croyez qu'il va venir bientôt?

— Ça ne devrait pas tarder. Vous devriez aller prendre un verre au bar en attendant, au lieu de rester dans le hall.

— Non, merci. Ça va. Je vais l'attendre ici.»

Pas question que j'entre là-dedans, me suis-je dit. *Si j'étais avec une amie, peut-être, mais toute seule?* No way! *À neuf heures et vingt-cinq, je m'en vais!*

Le portier devait me trouver misérable, toute seule ainsi, avec mon sac à main, poireautant dans un microscopique vestibule, parce qu'il est allé me chercher une coupe de vin mousseux au bar.

«Ça va vous aider à passer le temps...

— Merci beaucoup. C'est très gentil.»

Pour lui donner l'impression qu'il m'avait fait plaisir, j'ai bu quelques gorgées du bout des lèvres. L'affaire, c'est que j'ai un problème avec les bulles: je n'aime pas ça. Je ne m'en vante pas trop, mais la seule fois où j'en ai apprécié le goût, j'ai appris qu'il s'agissait d'un Dom Pérignon et que la moins chère des bouteilles se vendait deux cent cinquante dollars à la SAQ!

Je vous entends penser: *elle est snob!* Je réfute cette allégation! Je n'avais aucune idée du prix de ce que je buvais avant d'aimer ça, le Dom Pérignon! Ce sont mes papilles gustatives qui sont snobs, pas moi.

Il était moins une quand Benoit est arrivé en s'excusant de m'avoir fait attendre aussi longtemps.

«Enchanté de te rencontrer, Marie-Élaine. Désolé de mon retard. C'est une grosse soirée, plein de gens à saluer, de choses à organiser. J'étais incapable de me libérer avant.

— Aucun problème. Ça ne m'a pas paru long du tout (*menteuse*).

La photo que j'avais vue de lui sur Internet était à l'image de l'homme devant moi: tout à fait charmant, avec des allures de l'acteur Paul Doucet. J'ai toujours eu un faible pour Paul Doucet.

Benoit m'a accompagnée à l'intérieur de la salle et présentée à ses amis qui étaient franchement sympathiques. La soirée s'est avérée beaucoup plus amusante que je ne l'aurais cru; j'ai beaucoup dansé, ri et… légèrement abusé du gin tonic! Ses copains sont partis vers minuit et nous avons terminé la soirée ensemble, lui et moi, assis au bar, à discuter, se regarder et sourire. Un chouette moment. J'ai quitté l'hôtel en taxi à trois heures du matin, seule.

En me réveillant le lendemain (il devait être treize heures!), j'ai tout de suite pensé à lui. Le souvenir de nous deux au bar m'est revenu avec plaisir. J'ai eu du mal par contre à me rappeler les détails de notre conversation (l'effet de l'alcool y étant probablement pour quelque chose...). Je me souvenais de l'avoir entendu me dire qu'il habitait Longueuil, qu'il jouait au hockey avec ses amis le mardi soir, qu'il aimait le camping et... qu'il était célibataire! Ça, je ne l'avais pas oublié!

En fin d'après-midi, je recevais ce texto sur mon cell:

> Grosse soirée hier! Suis mollo aujourd'hui... (*Émoticône de face avec la bouche pas contente et un bandage blanc autour de la tête.*)
> Toi, tu vas comment?
> B xx

> Disons que je veillerai pas tard ce soir! (*Émoticône de face avec les yeux en demi-lune, la bouche en rond et trois Z dans le front.*)
> Merci encore pour hier, c'était une belle soirée.
> Marie xx

Il m'a appelée le même soir pour me demander si j'avais envie que l'on se revoie. J'ai répondu que cela me ferait plaisir.

«Parfait, m'a t-il dit. Est-ce que tu es disponible vendredi soir prochain?

— Oui.

— Super! Je te rappelle cette semaine, on discutera de ce qu'on a envie de faire.

— Parfait. Merci, Benoit. À bientôt.

— Oui. À bientôt. Bonne nuit, Marie-Élaine. »

Deux jours plus tard, il m'appelait pour me proposer un souper chez lui. J'ai accepté l'invitation malgré un petit malaise (les règles de l'art de la séduction préconisent un terrain neutre lors des premiers rendez-vous…) et je me suis juré que je ne dormirais pas là.

Pourtant, avant d'aller le rejoindre le vendredi, j'ai pris soin de glisser dans mon sac à main un kit de survie : brosse à dents, lingette démaquillante, sous-vêtements de rechange, échantillon de parfum. Juste au cas. Les filles sont pleines de contradictions.

Il habitait une jolie maison de ville dans un quartier tout neuf où se succédaient les haies de cèdres et les pavillons *outdooring,* une tendance populaire en banlieue qui consiste à installer dans sa cour une minimaison en aluminium, à côté de celle déjà existante.

Il m'attendait dans l'entrée, en jeans et en t-shirt. Un coup d'œil furtif sur la décoration intérieure m'a confirmé qu'aucune femme ne vivait là. À la vue de son salon, je n'ai pu me retenir :

« *My God!* On dirait qu'on est dans une salle d'arcades à Old Orchard ! »

L'espace avait été transformé en terrain de jeu pour garçons : billard, *baby-foot*, jeu de fléchettes et frigidaire à bières.

« Ouais, je sais. C'est une vraie maison de gars !

— C'est le moins qu'on puisse dire, ai-je répondu. Si tu ajoutes un bar dans le coin là-bas, on va pouvoir inviter Éric Lapointe à *chiller* avec nous ! »

Benoit avait prévu une soirée qu'on pourrait difficilement qualifier de « romantique ». Il a commandé de la pizza et proposé qu'on mange devant la télé en regardant un épisode de l'émission *La Voix* qu'il n'avait pas eu le temps de visionner. Pas tout à fait le genre de veillée que j'avais imaginée pour un deuxième rendez-vous !

Je me suis néanmoins surprise à me sentir bien. Très bien même. Écrasée sur son sofa, j'ai mangé une pointe de « pizz » toute garnie, accompagnée d'un verre de vin rouge trop sucré, et me suis endormie, la tête sur son bras, au son de la voix de Marc Dupré. Il m'a réveillée vers onze heures (après les nouvelles du sport), me disant que je serais plus à l'aise ailleurs que sur le sofa. Il m'a pris la main et nous sommes montés à l'étage. Trois minutes plus tard, après s'être brossé les dents côte à côte dans la salle de bains, nous dormions en cuillère dans son lit, lui en pyjama et moi pratiquement toute habillée. Nous avons vitement fait l'amour le lendemain matin dans des draps beiges, agencés à la magnifique douillette en acrylique aux couleurs des Bruins de Boston, puis nous nous sommes levés, douchés et avons lu *La Presse* en déjeunant. Nous étions devenus un vieux couple en l'espace de douze heures !

Normalement, à la recherche d'un minimum de passion et d'ardeur, j'aurais décampé. Mais je ne l'ai pas fait. Pourquoi ? Parce que ce que cet homme me proposait était ce qui se rapprochait le plus de ce dont j'avais besoin à cette étape de ma vie : de la quiétude. Les multiples rencontres infructueuses des dernières années avaient eu raison de moi ; j'étais fatiguée de jouer à plaire. Avec lui, tout était simple, voire ennuyant parfois, et je trouvais du réconfort dans cette image de couple tranquille.

Mon entrée dans le club des quinquagénaires a eu lieu à ses côtés, deux mois après notre rencontre. Mes amies m'avaient organisé une fête surprise dans un loft industriel de l'est de la ville, où une quarantaine de personnes m'attendaient. Je me souviens que personne ne me regardait quand j'ai fait mon entrée dans la salle au bras de Benoit sur l'air de *I Love to Love* de Tina Charles, ma chanson fétiche. Tous n'en avaient que pour mon nouveau *chum*, qu'ils voyaient pour la première fois!

Je l'ai présenté à quelques amis puis peu revu après; il me semble l'avoir négligé toute la soirée. À quelques reprises, mon regard s'est promené de lui vers mes amis, à la recherche de points en commun, mais je n'en ai trouvé aucun. Le soir de mon anniversaire, j'ai accepté le fait que je ne serais jamais amoureuse de Benoit.

La fête s'est terminée au petit matin et nous sommes rentrés dormir chez moi. Quand je me suis réveillée le premier jour de mes cinquante ans, couchée dans le lit de la chambre d'invités plutôt qu'à ses côtés, j'ai eu la confirmation que je ne voulais pas de cette vie-là. J'avais envie de me réveiller auprès de mon amoureux le samedi matin et de l'embrasser sur l'épaule avant de me lever. Envie que mon cœur batte vite de temps à autre.

Il fallait que ça prenne fin. Je lui ai fait part de ma réflexion pendant le déjeuner:

«Je ne sais pas pour toi, mais moi, je trouve désolant que nous fassions chambre à part après seulement deux mois de relation...

— C'est parce que je ronfle. Je vais consulter et aller passer des tests...

— Ce n'est pas juste parce que tu ronfles, Benoit...

— Je sais. Tu as raison. On est un peu pathétiques...»

Fiou! On était sur la même longueur d'onde! On se faisait croire depuis la Saint-Valentin qu'on était en train de toucher au bonheur. Il est parti après avoir terminé son café, aussi soulagé que moi, je crois. Nous nous sommes quittés en très bons termes, nous promettant même de jouer au golf ensemble l'été suivant.

Je ne l'ai jamais fait, mais je dois m'excuser auprès de lui. J'ai mentionné plus tôt ma crainte à l'idée d'être encore célibataire le jour de mes cinquante ans, convaincue que si je n'avais pas trouvé l'homme de ma vie à cette date, je ne serais plus digne d'intérêt après, me croyant trop vieille. Et parce qu'il était hors de question que je me présente seule à mon party d'anniversaire, je m'étais imaginé arriver au bras d'un homme de qui j'aurais été amoureuse, qui m'aurait fait danser sous les regards envieux de mes amies. Je me suis servie de Benoit pour faire vivre cette image. Sinon, je l'aurais quitté avant. Alors, pardon, B.

Daniel

Mai deux mille quinze. Je n'étais pas très réceptive quand Noémie m'a contactée quelques semaines plus tard pour me parler de Daniel. Je lui ai répondu que je voulais bien le rencontrer, juste pour en finir avec ces histoires arrangées. J'avais cessé de croire en la possibilité de trouver l'amour comme ça. Daniel était le cinquième homme (potentiellement aussi le dernier) que l'agence me proposait et le neuvième que je rencontrais en moins de deux ans. Une fille se tanne.

Il faut dire que j'étais à un moment de ma vie où j'éprouvais un moins grand besoin d'être en couple. C'est donc dans ces circonstances que je suis allée à la rencontre de l'ultime candidat: Daniel. Il avait cinquante-cinq ans, mesurait environ un mètre quatre-vingts, avait un corps athlétique, une calvitie naissante et les yeux verts. L'ensemble était beau. Je resterai vague quant à son occupation, soucieuse qu'il ne soit pas reconnu, car je ne serai pas tendre avec lui.

La collision (parce qu'il s'agissait plus de ça que d'un rendez-vous) a eu lieu un mercredi en début de soirée, dans un restaurant de la Petite Italie. Quand il m'a vue avancer dans sa direction, il ne s'est même pas donné la peine de se lever pour m'accueillir, préférant se retourner sur sa chaise, me tendre la main et me lancer :

« Tu dois être Marie-Élaine, j'imagine ?

— Oui.

— Enchanté. Moi, c'est Daniel. »

La main qu'il m'avait tendue était en train de serrer la mienne si fort qu'une fois qu'il l'a lâchée j'ai senti mon cœur battre dans mon pouce pendant dix minutes.

Je me suis assise et l'ai écouté me parler, de lui plus précisément, aussi de sa progéniture. Il était père de deux enfants dont il était plus que fier : un garçon dans la vingtaine, étudiant émérite en droit à McGill, et une fillette de huit ans (issue d'un second mariage) dont les facultés intellectuelles ébahissaient tout le personnel enseignant de l'école primaire qu'elle fréquentait.

« Elle est en avance sur tout le monde, ils vont peut-être lui faire sauter sa troisième année. »

Et en me montrant une photo d'elle sur son téléphone, il m'a dit :

« Ça, c'est elle l'an passé à une compétition d'équitation.

— Ah bon. Elle est très jolie. Comment elle s'appelle ?

— Roxane. »

Il a dû penser que sa fille m'intéressait parce que j'ai eu droit ensuite à un diaporama de clichés de Roxane : Roxane à son spectacle de patinage artistique, à son cours de natation, aux pommes avec sa cousine l'automne passé... Au bout de cinq minutes, après la photo de Roxane en bicycle à deux roues dans le parc de la Mauricie, j'ai dit :

« C'est OK, Daniel. Je pense que je l'ai assez vue. Elle est super, ta fille ! »

Il ne lui est jamais venu à l'idée de me demander si j'avais une photo de Laurence à lui montrer.

Contrairement à Denis et à David qui s'étaient embellis en parlant, lui perdait de son charme chaque fois qu'il ouvrait la bouche ; on aurait dit que tout ce qui sortait de là était désagréable.

Je ne me rappelais pas avoir rencontré personne plus suffisante.

Parlez-en à notre serveur qu'il a méprisé quand est venu le temps de choisir le vin :

« Vous avez un vin à nous suggérer ?

— Avec ce que vous mangez, a répondu le garçon, j'irais avec un bourgogne, un mercurey, peut-être ? Le mariage serait bien, je crois, avec la pintade farcie et les pâtes au ragoût de veau.

— Bof. J'imaginais plus un vin de Bordeaux. Un pomerol, par exemple, s'accorderait beaucoup mieux avec nos plats.

— Alors monsieur aimerait un pomerol ?

— Je n'ai pas dit ça. J'ai dit que ce serait mieux qu'un mercurey. »

On a bu un morgon, finalement. Il trouvait le pomerol trop cher.

Pendant que le garçon nous servait, je faisais mon possible pour être aimable avec lui, question de lui faire oublier l'attitude désobligeante de Daniel. Ce dernier ne s'est pas gêné pour manifester son irritation :

« Tu as l'air de bien t'entendre avec lui, tu le connais ? Il est un peu jeune pour toi, non ?

— Franchement. J'essaie juste de faire la conversation. Il est gentil.

— Ben oui. Tout le monde est gentil! Tantôt, c'était la dame à l'entrée que tu ne connaissais même pas et maintenant... le serveur... C'est fascinant, cette faculté que tu as de devenir amie avec n'importe qui. » (Il avait utilisé le terme *n'importe qui*, supposant que ces gens ne valaient pas la peine que l'on s'adresse à eux.)

Si j'avais eu un lance-pierres, c'est le moment que j'aurais choisi pour lui envoyer un menhir dans le front. Contrariée, j'ai rétorqué:

« C'est plus l'inverse qui m'inquièterait si j'étais toi. Être sociable n'est pas un défaut. »

Ensuite, il ne s'est plus dit grand-chose à cette table. Nous avons mangé notre plat principal en silence et, peu de temps après, il s'est levé pour aller aux toilettes. La minute suivante, je commettais un impair monumental qui allait définitivement mettre un terme à la soirée.

Je précise d'abord que, chaque fois que j'ai eu un rendez-vous galant, mes amies, impatientes d'avoir de mes nouvelles, inondaient mon cellulaire de messages textes :

Pis, il est comment, celui-là ? (Isabelle)

La date du mariage est-elle déjà fixée ? (Johane)

Il a l'air de quoi ? Tu passes une belle soirée ? Donne des nouvelles ;) (Nad)

Nadia, c'est trente ans d'amitié et jamais un seul malentendu ; avec elle, tout est transparent et facile. C'est mon amie des journées au spa et des voyages ; les vacances en Caroline du Nord dans des maisons hors de prix, c'est avec Nad ! C'est aussi la personne la plus discrète que je connaisse, alors, quand elle me pose des questions sur des sujets d'ordre personnel, je m'empresse de lui répondre. J'ai profité de l'absence de Daniel pour lui écrire :

Plutôt bel homme, je dirais, mais pénible ! *(Émoticône de face rouge avec les sourcils fâchés et la bouche pas contente.)*
T'appelle tantôt pour te raconter...

Un petit son m'informant de la réception d'un nouveau message texte se faisait entendre trente secondes plus tard. J'ai pris mon cellulaire, convaincue d'y lire la réponse de mon amie et je suis tombée sur ceci :

Tu parles de moi ?

Shit !! Je n'avais pas fait ça ?

Ben oui. J'avais fait ça. Le message avait été expédié à Daniel plutôt qu'à Nadia. Il l'avait reçu pendant qu'il était aux toilettes. Quelle horreur !

Mon premier réflexe a été de lancer mon téléphone sur la table, comme si j'avais entre les mains une méduse vivante dont je devais vite me débarrasser. Ensuite, j'ai osé lever la tête pour me confronter à lui, je savais qu'il était debout juste à côté, je sentais son regard de glace sur moi. J'ai opté pour l'honnêteté, n'ayant pas à ma disposition le temps nécessaire pour me trouver une échappatoire :

« Oui, je parlais de toi. Je m'excuse tellement. Ce n'est pas à toi que le texto était destiné, c'est parce que... que tu es la dernière personne à qui j'ai écrit sur mon téléphone et...

— Ça va, Marie-Élaine ! J'avais compris. Pas nécessaire de t'expliquer. »

C'est ainsi que s'est conclu mon tête-à-tête avec Daniel. Il a demandé l'addition avant que le serveur n'ait eu le temps de nous parler des desserts et, au moment de payer, il a trouvé une façon de me faire sentir mal :

« Ouin. Ça coûte cher, se faire insulter.

— Donne-moi la facture, Daniel, s'il te plaît. Je vais m'en occuper.

— Non, non. Je sais vivre quand même!»

Il a réglé l'addition, m'a dit au revoir et est sorti sans se retourner.

J'avais beau lui avoir trouvé les pires défauts, c'est à moi qu'est revenue, ce soir-là, la palme du manque de classe.

Je n'ai plus jamais eu de nouvelles de l'agence de rencontres à la suite de l'incident du texto. J'imagine que, après que Daniel leur eut raconté ma bourde, la directrice a dû me mettre sur une sorte de *black list* et je n'en ai été aucunement peinée. De toute façon, ils avaient rempli leur mandat en me présentant un minimum de cinq hommes, et moi, j'en avais marre de ces rendez-vous.

Personne

Une pause d'un an. Une interruption qui est venue toute seule. On dit que, quand on ne prend pas le temps de s'arrêter, l'arrêt finit par s'imposer de lui-même. Ben, c'est vrai.

Après mon épouvantable aventure avec Daniel, j'ai comme lâché prise et cessé de vouloir provoquer les choses. Une année complète s'en est suivie au cours de laquelle je n'ai eu ni amants, ni rencontres, ni hommes à séduire.

J'avais tort quand je disais que le fait de remplacer Louis par un autre allait me faire l'oublier; les gens qui vous disent que vous n'êtes pas prête à tomber amoureuse parce que vous avez encore votre «ex» dans la peau ont raison. Pendant deux ans, en espérant qu'il sortirait de ma tête, je me suis étourdie à faire des rencontres avec des hommes en cherchant Louis à travers eux; les gars auraient frôlé la perfection que je les aurais laissés filer. Quand j'ai pris conscience de ça, j'étais déjà rendue à l'étape de ne plus ressentir l'urgence ou la nécessité d'avoir un homme près de moi.

Entre le moment où mon cœur s'est mis en pièces et celui où j'ai réalisé que je pouvais très bien vivre sans Louis, il s'est écoulé trois ans. C'est bien peu comparativement au temps que j'ai mis avant de savoir ce que je ne souhaitais plus dans ma vie. Il paraît que je fais les choses à l'envers, qu'il faut commencer par nommer ce que l'on désire, et pas l'inverse. Moi, depuis belle lurette, tant au travail que dans ma vie privée, je fonctionne par opposition, c'est-à-dire que je commence par voir ce qui ne marche pas et après je corrige le tir.

Ainsi, cette année-là, forte de mes expériences amoureuses des vingt dernières années, j'ai décidé de ne plus vouloir d'un partenaire individualiste, asocial, instable ou insensible. Puis, j'ai fait comme m'avaient dit mon amie Isabelle et ma psy, j'ai dressé le portrait de l'homme rêvé.

Le prochain serait :

– Bienveillant. Ce type d'homme a de l'attention pour l'autre, il veille à son bien-être. J'ai manqué de ça.

– Libre. Dans la forme où je l'imagine, la liberté peut difficilement s'atteindre avant quarante ans.

Elle permet d'être maître de ses décisions et de pouvoir agir à sa guise. Elle exige une autonomie financière et un passé réglé. Rare.

– Bon vivant. Il aime les gens et est capable d'éprouver du plaisir devant un fromage, un vin, une chanson, un spectacle, un paysage. Il a souvent un petit ventre et fait généralement bien l'amour.

– Drôle. Je sais. Toutes les filles écrivent ça sur les sites de rencontres : *cherche homme avec bon sens de l'humour...* Avec moi, on est plus dans quelque chose de primordial que dans le « je trouve ça *cute*, un gars comique » ! Ayant moi-même une pas pire capacité à faire rire, je me verrais mal avec un homme dépourvu d'humour.

Voilà, en gros. Si, en plus, il mange son spaghetti sans le couper et vient avec des options, comme celles de pouvoir poser un plafonnier ou de rentrer une vis dans la brique pour que ma boîte à lettres arrête de tomber, ce serait encore mieux.

Après, j'ai demandé à ma mère de m'aider à trouver. Du ciel, elle a une meilleure vue d'ensemble sur les célibataires intéressants.

Antoine
(À JOSÉLITO MICHAUD)

Pour mon cinquante et unième anniversaire, mon amie Nat m'avait offert un pot à souhaits. Je connais Natalia depuis environ huit ans. Elle fait des manucures à domicile (un moment de pur bonheur que je m'offre à l'occasion) et, avec le temps, nous sommes devenues copines. Nos rencontres ont des allures de rituel : on se fait un café au lait et je l'écoute me parler de la séparation de Marie-Mai, du nouveau régime de Jennifer Lopez ou de la mort tragique de Prince. Personne n'est plus à jour qu'elle dans les potins du showbiz, pas même le directeur d'*Échos Vedettes* !

La belle Latina collectionne les marottes. Quelques années auparavant, elle m'avait fait cadeau d'une minuscule tasse, haute d'à peine trois centimètres, que je devais remplir d'eau fraîche chaque jour afin que la *virgencita* (traduire par : « la petite vierge ») mette un gentil amoureux sur ma route. Il s'agit d'une tradition originaire d'Amérique du Sud.

« Ça marche, *bella*, je te le jure. C'est ma sœur qui avait la tasse juste avant toi et elle a trouvé l'amour après seulement deux mois! Avant, la tasse était entre les mains de ma cousine et elle aussi a rencontré un mec en moins de trois semaines! »

Elle m'a expliqué que depuis quatre générations l'objet miraculeux se promenait de maison en maison et aidait les filles célibataires à trouver l'âme sœur. Dans l'histoire de la petite tasse, on raconte que jamais elle n'est restée aussi longtemps dans la même demeure :

« *Probecita* (pauvre petite). Je n'ai jamais vu ça. »

La chose niaisait sur mon comptoir de cuisine depuis… trois ans! J'offrais à boire à cette chipie tous les jours depuis tout ce temps et elle ne me donnait strictement rien en échange. Si je ne tombais pas amoureuse dans la prochaine année, j'allais fort probablement devenir une légende en Argentine.

Dans la même lignée que cet article surnaturel, il y a le pot à souhaits. La marche à suivre pour le bon fonctionnement de l'objet indique qu'il faut écrire un vœu sur un bout de papier puis l'insérer dans la fine ouverture du pot en céramique. On doit ensuite allumer un petit bougeoir, le déposer sur le contenant en question et laisser brûler la mèche quelques minutes, en pensant à son souhait. Une autre affaire de filles qui, me disais-je, était bénéfique surtout parce qu'elle permettait de nommer ce qu'on voulait.

Je me suis souvenue de l'existence de cette chose un matin pluvieux de mai.

D'ordinaire, les dimanches gris me foutent le cafard, pas cette fois. Je me suis levée de bonne humeur. Pendant que la musique de Jean Leloup jouait à tue-tête dans l'appartement, avec la conviction que mon année de carême affectif tirait à sa fin, j'ai sorti de l'armoire ce pot qui n'avait jamais servi et j'ai glissé cette note dedans :

J'aimerais avoir un amoureux. Un vrai. Un qui me donnerait envie de recommencer.

Après, j'ai allumé la chandelle et, pendant que le petit pot à souhaits « travaillait » pour moi, je suis allée me doucher et me préparer. J'avais décidé d'aller déjeuner chez Leméac, leurs brunchs sont délicieux.

Il y a des jours où l'on s'aime bien, et c'était l'un de ceux-là. Je me suis maquillée légèrement, me suis fait une queue de cheval et j'ai choisi une tenue décontractée : jeans marine et chemisier de coton blanc. Je suis ridicule de conservatisme dans mes choix vestimentaires. J'ai presque honte de l'avouer, mais ma garde-robe compte vingt-trois hauts blancs, dont quinze chemisiers. C'est même devenu un *running gag* quand je magasine avec ma fille :

« Hé, mom ! Regarde la belle blouse. Je pense que tu vas l'aimer, celle-là ! »

Sans même me retourner, je devine la couleur du vêtement ; je sais qu'il est blanc. Elle se fout de ma gueule. Elle est drôle et sarcastique, ma progéniture. Un trait héréditaire, je suppose…

Alors, vêtue de ce que vous savez, je suis partie déjeuner en prenant soin de souffler sur la bougie avant de quitter mon appartement.

Une fois au restaurant, on m'a assigné une place au comptoir, tout juste à côté de Josélito Michaud. Je connais peu l'animateur vedette, mais juste assez pour que, rapidement, nous nous soyons mis à placoter. Ensemble, autour d'un café au lait et d'une omelette aux herbes, nous avons refait le monde de la radio et de la télé.

Il n'a jamais remarqué que pendant les vingt dernières minutes de notre discussion je l'écoutais à demi, plus intéressée que j'étais par l'homme qui venait de s'asseoir à ma droite. C'est sa voix (basse et souriante) et sa gentillesse avec les employés du resto qui ont d'abord attiré mon attention. Et puis il y a eu ce moment où, dans le miroir devant nous, nos regards se sont croisés. Ça a duré une seconde, deux peut-être ; un échange muet, bref, mais lourd de sous-entendus. J'ai remarqué que, dans les secondes qui ont suivi, son banc a pivoté d'un quart de tour vers la gauche, entraînant son corps dans ma direction.

À cet instant précis, même si Josélito est un homme passionnant à écouter, j'ai eu franchement hâte qu'il parte. Ce qu'il a fait à treize heures trente. Et il n'avait pas sitôt franchi la porte que mon charmant voisin s'adressait à moi :

« Alors tu fais de la radio ?

— Alors tu écoutais notre conversation ? lui ai-je répondu en souriant.

— Pas toute. Je n'écoutais que les bouts où tu parlais, les autres m'intéressaient moins. J'ai vite compris que vous n'étiez pas en couple et, pour être franc, j'espérais que ton ami s'en irait pour pouvoir te parler.

— Charmant. Pour être honnête, je souhaitais un peu la même chose.

— Je m'appelle Antoine. Je t'offre un verre de vin ?

— Marie-Élaine. Avec plaisir. »

Il a commandé une bouteille de bourgogne Hautes Côtes de Nuits ; je le mentionne parce que, bien que je m'y connaisse peu en vin, c'est l'un de mes préférés. Il s'agissait du premier signe d'une longue série : nous fréquentions les mêmes restaurants, avions plusieurs connaissances en commun, écoutions la même musique, habitions à moins d'un kilomètre l'un de l'autre…

Antoine : cinquante-quatre ans, un mètre quatre-vingts, entrepreneur en construction, père de deux grands garçons. Chevelure châtaine abondante, yeux bleu clair, costaud. Look « c'est dimanche, je relaxe, mais j'ai quand même du style » : jeans, polo Ralph Lauren bleu pâle et *loafers* de suède brun chocolat, sans chaussettes. Mon genre. Joli prénom en plus.

Dans la mesure où une réunion peut être définie comme le fait de remettre ensemble des choses qui étaient séparées, je dirais qu'il s'agissait plus de cela que d'une rencontre. Après seulement quelques minutes à ses côtés, j'ai eu la singulière impression de connaître cet homme. Tellement que je me suis mise à m'intéresser aux vies antérieures ce dimanche après-midi-là : *Paris, au Moyen-Âge. Je suis tavernière, lui charpentier de la seigneurie. Le galant vient se sustenter à mon adresse plusieurs fois par semaine dans le but presque avoué de me courtiser…*

« C'est pas compliqué, vous avez été amants à une autre époque ! »

C'est ce que m'aurait dit Mme Tremblay, une voyante que j'avais consultée avec mon amie Isabelle et qui m'avait affirmé que je rencontrerais l'amour au printemps dans un lieu public. Un restaurant, c'est un lieu public, hein ? Bien que je sois de nature terre à terre, je trouvais que les mots prononcés par Mme Tremblay, ajoutés au fait d'avoir demandé à ma mère de me prêter main-forte quelques jours auparavant et glissé un vœu dans le pot à souhaits le matin même… ça commençait à faire beaucoup de coïncidences. Non ?

Nous sommes restés assis au bar pendant trois heures. Je ne me rappelle plus tous ses mots, mais j'ai le souvenir de l'avoir entendu me dire qu'il me trouvait très attirante, qu'il ne se rappelait pas s'être senti comme ça avec une autre femme auparavant, qu'il se retenait de m'embrasser même s'il en mourait d'envie et qu'il espérait que l'on se reverrait.

Mon «*bullshit* radar» était en fonction et n'a rien détecté d'anormal. Antoine semblait sincère dans ses propos et troublé par notre rencontre. De mon côté, je me suis un peu avancée, mais pas trop, lui faisant sentir qu'il me plaisait tout en préservant une petite distance. J'ai bien fait parce que, vers seize heures, il m'a annoncé avoir une petite amie!

«C'est une fille que je connais depuis seulement quelques mois. On s'entend bien sur certains points, mais moins sur d'autres.

— Ah bon. Je ne m'attendais pas à ça. Tout laissait croire que tu étais célibataire…»

Il a alors pris soin de me mentionner qu'il doutait de la viabilité de sa relation avec cette femme, laissant ainsi la porte grande ouverte. Il était un peu trop tard, ma *balloune* était pétée. Je me suis empressée de demander mon addition. C'est là qu'il m'a tendu sa carte professionnelle:

«Pourquoi tu me donnes ça, Antoine? Je ne vais pas t'appeler.

— Je te demande simplement de m'envoyer un message texte, comme ça j'aurai ton numéro.

— Pas certaine que ce soit une bonne idée.

— Juste un texto. Je suis un adulte, je sais ce que je fais. »

J'ai pris la carte, je l'ai glissée dans mon sac et au moment où je m'apprêtais à partir il s'est levé, m'a prise dans ses bras et m'a embrassée sur les joues en me disant qu'il avait passé un très beau moment. Je l'ai remercié pour sa charmante compagnie et la très bonne bouteille de vin, et suis sortie, en prenant bien soin de ne pas me retourner. J'ai marché sur la rue Laurier jusqu'à ma voiture avec l'exaltation d'une fillette qui vient de croiser la Reine des neiges à Disneyland. Il est fascinant et réconfortant de constater qu'en vieillissant l'euphorie que l'on éprouve quand on est attiré par quelqu'un demeure intacte ; le cœur bat à la même mesure et au même endroit, que l'on ait vingt ou cinquante ans.

En début de soirée, je lui ai fait parvenir par texto la photo de la contravention que j'avais eue pendant que nous étions ensemble au resto, et dessous, j'ai écrit :

Une contravention peut parfois être un bon investissement…

Sa réponse a ressemblé à ceci :

Oh ! Désolé pour toi. *(Émoticône de face avec bouche déçue.)* C'était peut-être, comme tu dis, le prix à payer pour que l'on se rencontre... Bonne soirée.
Antoine x

Il avait mis un x...

Les hommes ajoutent-ils ce petit signe à la fin de leurs messages avec insouciance ou en connaissance de cause ? Mon expérience du message texte avec le sexe opposé me fait dire que la première hypothèse est la plus plausible. Contrairement à nous, les mâles ne mesurent pas chaque mot quand ils textent. Ils ne relisent pas trois fois leur message avant d'appuyer sur « envoyer », ne choisissent pas la plus « cute » émoticône et, des fois, ils mettent des « x » et des « o » virtuels à la fin de leur énoncé, comme ça, sans réfléchir et sans présumer que la fille, elle, va être convaincue de recevoir des baisers et des câlins. Les gars ne savent pas non plus que les filles écrivent des messages textes en y associant une émotion. Si, par exemple, madame envoie un texto à son amoureux du type : « Tu fais quoi ? xx » et que la réponse ressemble à : « Rien de spécial, t'appelle tantôt », elle décryptera ceci : monsieur est de bien mauvaise humeur, il n'a pas envie de me parler, encore moins de me voir. Et elle se dira, en lançant son téléphone sur le comptoir de la cuisine : «Qu'il aille donc chez le bonhomme avec son air bête!» Convaincue que, dans son envoi à elle, il y avait de l'amour et de la tendresse (n'avait-elle pas d'ailleurs pris la peine d'ajouter deux baisers?).

Dans le cas d'Antoine, j'ai présumé qu'il avait ajouté un «x» volontairement, juste parce que j'espérais que c'était le cas.

Le même soir, après avoir passé une heure au téléphone avec mes amies afin de leur rendre compte de ce qui m'était arrivé plus tôt, je me suis blottie sur le canapé avec mon chat afin de regarder *Tout le monde en parle*. Pendant l'entrevue avec Xavier Dolan, mon portable a sonné. C'était lui.

«Bonsoir, Marie-Élaine, c'est Antoine.

— Bonsoir, Antoine. Contente de te parler. Tu vas bien?

— Pour être honnête, je ne sais pas comment je vais. Je suis un peu assommé depuis cet après-midi, et la vérité, c'est que je suis assis dans ma voiture devant chez moi depuis vingt minutes à me demander si je dois t'appeler. J'ai composé ton numéro à cinq reprises et raccroché autant de fois avant d'avoir le courage de laisser sonner.

— Eh bien, je suis ravie que tu l'aies fait, ça me fait plaisir de t'entendre. »

J'ai peu parlé pendant ces quelques minutes. Je l'ai écouté me redire à quel point notre rencontre l'avait troublé. M'avouer que ses fils l'avaient trouvé distrait pendant le souper, et que c'était parce qu'il pensait à moi. Le reste de notre discussion est flou, mais je me souviens que, bien qu'aucun rendez-vous n'ait été fixé au moment de raccrocher, il flottait sur notre échange un désir mutuel de se revoir.

Je me suis endormie en imaginant le début de quelque chose.

J'ai eu besoin d'une pas pire dose de cran le lendemain pour lui envoyer un texto dans lequel je lui proposais de mettre un peu de nourriture autour de la prochaine bouteille de vin, suggérant que l'on se revoie le vendredi suivant.

Je prends rarement les devants dans ce genre de situation, principalement parce que j'aime bien que l'homme fasse les premiers pas. Mais comme il avait pris la peine de m'appeler la veille, je me disais que la balle était un peu dans mon camp.

J'ai envoyé le message vers quinze heures. Il s'est passé une heure, puis deux, puis trois…

Ce soir-là, j'étais invitée à souper chez Julie en compagnie de deux autres copines : Karina et Catherine. Inutile de mentionner que j'ai dû, parce que toutes n'étaient pas au courant, relater les événements de la veille dans le moindre détail. Mon récit s'est arrêté au message texte que j'avais envoyé à Antoine cinq heures plus tôt et pour lequel je n'avais toujours pas de réponse.

« Il est avec sa blonde, c'est certain. C'est pour ça qu'il ne peut pas t'appeler ou t'écrire. (Catherine)

— Ne t'en fais pas. Il va te répondre, j'en suis certaine. Donne-lui le temps. (Karina)

— Son portable est peut-être fermé ? Il doit être occupé. (Julie) »

La réponse est venue peu de temps après cette discussion, alors que nous étions toujours attablées :

Je ne crois pas que ce serait une bonne idée qu'on se revoie. Je me sentirais malhonnête.

Une gifle. Comme lorsque j'ai reçu par erreur le courriel de François destiné à une autre femme, je me suis « flasquée ».

Je ne l'avais pas vue venir, celle-là ! Un « Je ne suis malheureusement pas libre vendredi, on se reprend » ou, à la limite, un « J'aimerais régler certaines choses avant » aurait pu passer. Mais ça ?

Avec, en plus, le sous-entendu que c'était moi qui le relançais?? Non merci! C'était quand même bien lui qui, la veille, m'avait donné sa carte en insistant pour que je lui écrive et qui m'avait téléphoné le soir même pour me dire qu'il était tout chamboulé!

« Quoi?? Le salaud! L'hypocrite! Mais à quoi il joue? (Catherine)

— Ne doute surtout pas de toi, Marie-Élaine. Tu es une femme formidable. C'est tant pis pour lui, il ne sait pas ce qu'il manque. (Karina)

— Sache que tes amies sont là pour toi, envers et contre tous. Surtout contre lui, en fait. (Julie) »

Heureusement qu'elles étaient là, parce que mon impulsivité m'aurait fait regretter ma réponse. Je lui aurais écrit que je le trouvais bien lâche de ne pas me donner plus d'explications, et lui aurais peut-être aussi dit d'aller se faire foutre.

Sur les sages conseils de mes amies, j'ai plutôt rédigé ceci:

Je n'avais pas l'intention de te mettre dans une situation inconfortable. J'ai dû mal interpréter tes paroles...

La réponse est venue rapidement cette fois:

Tu as raison. C'est ma faute.

Ce dernier texto a mis fin à nos échanges.

Son «Tu as raison» m'a confirmé qu'il avait saisi l'ironie dans le message que je lui avais fait parvenir. *Bien entendu que je ne m'étais pas méprise sur tes intentions, «le clown»! Je n'ai quand même pas inventé tout ça…*

J'étais plus humiliée que déçue. L'affront était d'autant plus difficile à avaler que depuis le début du récit il s'était installé autour de la tablée de Julie une euphorie typiquement féminine à l'idée d'assister à la naissance d'une intrigue amoureuse.

J'ai ressenti soudainement le besoin d'être seule, et malgré l'insistance de mes copines qui souhaitaient que je reste, je suis rentrée.

Une fois chez moi, pour une rare fois, j'ai pleuré. Pas longtemps et pas sur Louis. J'ai pleuré sur la fatigue des rendez-vous sans suite et sur ma désillusion. Je me demandais comment une rencontre aussi brève avait pu me mettre dans un tel état. J'ai compris le lendemain en mettant ma montre. Une Rolex qui m'avait été offerte par Louis cinq ans plus tôt. Le Louis qui m'avait pris la main en sortant du restaurant lors de notre premier rendez-vous; celui-là même qui avait quitté la femme qu'il fréquentait à la suite de notre rencontre, qui m'avait dit «je t'aime» après seulement cinq jours, et qui m'avait brisé le cœur. L'Antoine sur qui j'étais tombée était un Louis. Il avait la même assurance, les mêmes beaux mots, le même empressement. Et moi, j'avais eu la même attirance. Merde.

Bien entendu, je m'en suis voulue d'avoir été séduite par le même type d'hommes, mais je me réconfortais en me disant que j'étais sur le chemin de la guérison. Je le savais parce que j'avais réussi à identifier la «bête» rapidement; aussi parce qu'au lendemain de cette non-histoire je me suis sentie soulagée que ça n'ait pas fonctionné. J'aurais géré comment une relation avec un homme capable de tout foutre en l'air aussi aisément? C'est pourquoi j'applaudis le fait qu'il se soit dégonflé. En le faisant, il a non seulement donné un peu de sens à l'honnêteté à laquelle il faisait allusion dans son texto – à défaut de l'avoir été avec moi, il l'avait été avec sa blonde –, mais il m'a permis de ne pas reproduire la même erreur.

Un matin des jours suivants, j'ai allumé la bougie du pot à souhaits et brûlé sa carte professionnelle. Ça m'a fait un bien malsain.

Je vais clore le chapitre Antoine en m'adressant à Josélito Michaud, parce que j'ai une faveur à lui demander : la prochaine fois que tu me verras assise seule au comptoir chez Leméac, Josélito, s'il te plaît, insiste pour que je quitte le restaurant en même temps que toi. Je te revaudrai ça.

Pierre

Même si nous nous étions promis d'aller jouer au golf ensemble, je n'ai jamais revu Benoit après notre rupture, au lendemain du party de mes cinquante ans. Nous avions par contre échangé quelques textos au cours de la dernière année, juste comme ça, pour prendre des nouvelles, assez pour savoir que ni l'un ni l'autre n'avaient trouvé l'amour.

Un jour, il m'a fait cette proposition:

Si tu veux, je t'offre une inscription sans frais à mon agence. Si on a échoué dans notre tentative d'être en couple, on pourrait à tout le moins essayer de réussir notre sortie! *(Émoticône de face avec la bouche à l'horizontale et de gros yeux ronds et blancs avec les pupilles en l'air, dont je n'arrive toujours pas à saisir l'émotion...)*

Tu es vraiment gentil, Benoit, mais je ne suis pas certaine d'avoir envie de recommencer ça.

En tout k, penses-y. Si tu changes d'idée, écris-moi.

Ce que j'ai fait deux jours plus tard.

Je n'arrive toujours pas à comprendre les raisons qui m'ont poussée à m'inscrire de nouveau dans une agence de rencontres. Je me savais toutefois dans un bien meilleur état que la première fois. Plus en équilibre. Et la façon de fonctionner me convenait mieux : dans cette agence, on nous faisait parvenir par courriel la fiche d'un candidat qui avait été sélectionné selon nos goûts et nos préférences. Après avoir vu une petite photo de son visage, pris connaissance de sa profession, de son lieu de résidence, de ses centres d'intérêt et de ses plus grandes qualités, on avait le choix d'accepter ou pas de prendre contact. J'ai refusé les deux premières propositions. Pour la troisième, une fille de l'agence tenait à s'entretenir avec moi de vive voix :

« Bonjour, Marie-Élaine. C'est Manon à l'agence. Je vous appelle pour vous parler de Pierre, l'un de nos clients. Il ne correspond pas tout à fait à ce que vous aviez demandé ; en fait, il a dix ans de plus que vous. (Lorsque j'avais rempli ma fiche, j'avais mentionné qu'un écart de huit ans me convenait.) Cet homme est vraiment très gentil, et je trouve que vous avez beaucoup de points en commun. Vous permettez que je vous envoie sa fiche ?

— Oui. »

Une heure plus tard, après avoir pris connaissance du courriel, je donnais raison à Manon à propos des goûts que lui et moi partagions : golf, voyages, musique, bouffe, campagne…

En voyant sa photo, deux choses m'ont frappée : la bonté dans son regard et la ressemblance avec mon oncle Jacques que j'adorais et qui était connu pour être… le portrait craché de mon père ! Je ne l'ai jamais dit à Pierre, mais, sur cette photo, je croyais voir mon père à l'époque où il votait PQ et se promenait avec des affiches du OUI collées sur les vitres de notre *station wagon*. Le temps de me faire à l'idée de *dater* un gars qui ressemblait à papa Charles… et j'ai appelé Manon deux jours plus tard pour lui dire que j'acceptais de le rencontrer.

Déjà, au bout du fil, je pouvais percevoir sa gentillesse ; sa voix était douce et réconfortante, et obtint un score honorable de sept sur dix. Je crois qu'il aurait aimé qu'on jase un peu plus longtemps, mais je n'aime pas parler au téléphone et j'ai coupé court après cinq minutes. J'ai eu le temps d'apprendre qu'il habitait Montréal, avait un chalet dans les Laurentides et était le grand-papa comblé de deux petits.

Le vendredi à dix-neuf heures, il patientait sur le trottoir devant le restaurant Chez Sophie. J'ai pris conscience, en le voyant me sourire alors que j'approchais, qu'il était le premier à avoir eu la délicatesse de m'attendre avant d'entrer, aucun des autres ne s'étant donné cette peine. Il était grand et costaud. Avec sa barbe et ses cheveux un peu longs, son veston noir lustré et sa chaîne massive au cou, il aurait très bien pu passer pour un *bum* qui aurait réussi. En fait, Pierre avait eu une carrière prolifique dans le milieu de la finance et des affaires, et il agissait maintenant à titre de consultant. À soixante ans, il avait fait le choix de se donner du temps.

Nous avons passé une superbe soirée ; bien mangé, bien bu, ri et parlé sans cesse, mais à aucun moment je n'ai été attirée par lui. Il me semblait que nos deux mondes étaient trop éloignés. Son âge, son look, sa sagesse et cette façon qu'il avait de tout faire lentement me déstabilisaient.

Au bout de trois heures, il m'a raccompagnée à ma voiture et avant que je le quitte il a manifesté le souhait que l'on se revoie. Je ne me souviens plus exactement de ce que je lui ai dit, mais je reconnais avoir laissé une porte entrouverte, alors que je n'avais pas l'intention de le revoir.

Le lendemain, il m'invitait à jouer au golf au Mirage. J'y ai vu l'occasion de découvrir un club de golf mythique (celui de Céline et René) et celle de passer une journée à pratiquer une activité que j'aime en sa compagnie. Forte de mon expérience avec l'impossible Jean-Claude, je savais que quelques heures sur un terrain de golf en disaient long sur le tempérament et la personnalité de quelqu'un. Pierre, lui, malgré son chandail en polyester et sa chaîne de vélo au cou, a été parfait. Calme, respectueux avec, en plus, un bel élan. Dans la voiture, sur le chemin du retour, au terme d'une douce soirée passée sur la terrasse du *club-house*, il a mis sa main sur la mienne et je n'ai pas eu le réflexe de l'enlever. Nous étions à la fin de mai.

Un mois plus tard, il était toujours là. Patient comme on ne peut l'imaginer. On en était encore au stade de se prendre la main dans l'auto et de se donner des baisers volés dans la voiturette de golf. Je l'ai souvent mis en garde contre moi, lui disant qu'il serait préférable qu'il ne tombe pas amoureux, même si je voyais que c'était précisément ce qui était en train de se passer. C'était ma façon de lui faire savoir que je n'étais pas au même stade que lui, que je n'étais sûre de rien et que je ne voulais pas lui faire perdre son temps.

«Ça va, Marie-Élaine. Je sais que je suis à ma place. Et je suis persévérant.

— Mais tu n'as aucune garantie que je vais tomber amoureuse de toi.

— Je sais. Mais je reste. »

Le vingt juillet, je l'ai quitté. Pour être honnête, je lui ai demandé de le faire à ma place. Nous revenions d'un séjour à Québec. Pierre avait réservé une chambre à l'Auberge Saint-Antoine. Nous avions fait l'amour, déjeuné sur notre terrasse privée, marché dans les rues du Vieux et soupé dans les meilleurs restaurants. Il avait même rencontré mon père, avec qui nous avions eu le plaisir de jouer au golf le dimanche après-midi. Un formidable week-end. Trop, en fait. Sur la 40, en revenant vers Montréal, j'ai *freaké*. On commençait à ressembler à un couple et je n'étais toujours pas en amour. J'ai attendu d'être à la maison pour lui parler.

« Pierre ?

— Oui ?

— Je pense qu'il faudrait que tu t'en ailles.

— Que je m'en aille où ?

— Que tu partes. Que tu me quittes.

— Et pourquoi je ferais ça ?

— Pour te protéger de moi. Je vois bien qu'on n'est pas au même niveau. J'ai peur de te faire du mal et je n'en ai pas envie. »

Ça a duré une heure. Je lui ai expliqué que j'étais bien avec lui, que tout était simple en sa présence, qu'il me réconfortait, me calmait, me faisait me sentir belle, mais qu'il manquait l'essentiel : je n'étais pas amoureuse. Il n'a rien dit.

Sauf ceci au moment de partir :

« Je sais que je suis à ma place. »

Je me suis mise au lit, persuadée que je venais de le voir pour la dernière fois. J'ai donc été surprise de recevoir ce message texte le lendemain :

Bonjour Marie-Élaine. Des deux jours qu'on vient de passer ensemble, je me rappelle ta présence, un bel après-midi avec ton père, les instants de tendresse au lit, le déjeuner sur la terrasse, mais je peine à me souvenir de notre discussion d'hier soir. Peux-tu m'éclairer ?
Pierre xx

Ou bien il se foutait de ma gueule ou bien il voulait me faire comprendre quelque chose. La conversation téléphonique qui a suivi m'a confirmé que la deuxième hypothèse était la bonne.

« Marie-Élaine, je n'arrive pas à te suivre. J'ai passé un superbe moment avec toi. Après, tu me demandes de te quitter? Peux-tu m'expliquer pourquoi j'aurais envie de faire ça? Je ne vais pas prendre le large pour me protéger de toi, je suis un grand garçon et je vis bien avec les conséquences de mes décisions. Si tu veux partir, fais-le. Mais ne me demande pas de le faire à ta place.»

Et vlan! Il avait tellement raison. Un peu sonnée, j'ai répondu que je lui donnerais des nouvelles bientôt. Ce «bientôt» est arrivé vingt-quatre heures plus tard. Il était à la campagne pour quelques jours; je m'y suis invitée, j'avais besoin de lui parler.

Comme lors de notre premier rendez-vous, je l'ai aperçu qui m'attendait sur le chemin de terre menant à son chalet. Il m'a saluée de la main et souri. Je l'ai trouvé beau dans sa chemise à carreaux et son jeans sale. Il s'est produit un déclic pendant mon séjour chez Pierre. La vérité, c'est que je n'avais pas envie de ne plus le voir, j'avais juste besoin qu'il me permette de l'aimer à mon rythme, avec le risque qu'il ne soit jamais le sien. Je voulais qu'il me dédouane. Et il l'a fait.

À mon retour du chalet, je lui ai écrit ceci:

Au début, il me viendra l'envie de fuir. Parce que ce que tu m'offres m'est inconnu. Depuis ce jour de mai où nous nous sommes vus la première fois, je suis dépaysée. En quête d'une fougue et d'une tourmente qui ne viennent pas et qui ne viendront jamais. Parce que toi, tu es tout sauf la tourmente. Toi, tu fais les choses doucement, avec un sourire qui ne disparaît de ton visage que quand tu dors. Alors, s'il me venait l'envie de fuir, s'il te plaît, fais-moi lire ces mots.

Il prendra connaissance de cette note pour la première fois en lisant ce livre. Je n'ai jamais osé la lui montrer avant, probablement parce qu'à partir du moment où je l'aurais fait il m'aurait fallu admettre que j'étais en train de m'éprendre de lui.

Je lui ai fait la vie dure à mon Pierre. Quand il montait quelques barreaux de l'échelle, je le faisais tomber sur un serpent qui le ramenait à la case départ. Il a relancé les dés chaque fois sans jamais se plaindre.

Nous sommes en novembre. J'ai redonné la petite tasse à Natalia. Pierre a réparé tout ce qui était cassé dans ma maison, y compris mon cœur. L'engrenage qu'il avait au cou a disparu, ses cheveux sont coupés, il porte des chemises blanches et des chaussures de suède marron. Et je l'aime de plus en plus.

Des fois, on va voir les chevreuils ensemble. On part avec une chaudière remplie de moulée et de pommes. On marche dans la forêt de Pierre jusqu'à la mangeoire qu'il a installée et on verse la bouffe dedans. Après, avec la chaudière, il cogne trois coups sur le gros érable à côté. Il me dit que c'est le signal pour les bêtes. Les coups les informent que le souper est servi. On va s'asseoir sur le banc de bois à deux cents mètres de là et on attend. J'appuie ma tête sur son épaule, il met sa main sur ma cuisse et on ne parle pas, pour ne pas les effrayer. Des fois, ils viennent. Ça ne fait qu'ajouter au bonheur.

L'autre nuit, j'ai fait un rêve bizarre. On sonne à la porte. J'ouvre. C'est Louis. Sans dire un mot, il s'avance vers moi, me prend par la taille, m'entraîne vers lui et commence à m'embrasser. Je le repousse et il se met à pleurer. Je ne le reconnais plus. Ses traits sont devenus ceux d'une femme. C'est Louis en femme qui pleure. Je lui demande de partir. Une fois la porte refermée et lui derrière, je m'en veux de l'avoir laissé partir comme ça. Je ne veux pas qu'il soit triste.

Ce rêve m'a sortie de mon sommeil. Je voulais être éveillée pour bien assimiler le fait que je venais de lui résister pour la première fois. Pierre dormait à mes côtés. J'ai mis ma main froide dans la sienne brûlante et me suis rendormie.